みんなでめざそう！

地域づくりと

ソーシャルワーク

の展開

地域生活課題の
解決に向けた
ソーシャルワーク
研修テキスト

全国社会福祉協議会

はじめに

　2020（令和2）年7月、全国社会福祉法人経営者協議会（以下「全国経営協」）と全国社会福祉協議会地域福祉推進委員会は、地域共生社会の実現に向けて、地域のネットワークを広げながら持続可能な地域づくりと地域生活課題の解決をめざすために、**「ともに生きる豊かな地域社会の実現に向けた共同宣言」** を取りまとめました。

　共同宣言では、社会福祉法人・福祉施設、社会福祉協議会（以下「社協」）等が連携・協働して、地域生活課題の発見や情報共有を図り、地域住民や多様な福祉組織・関係者との「連携・協働の場」を活性化させ、地域生活課題の解決に向けた多様な実践や事業・活動の開発・展開をすすめることとしています。

　地域共生社会の実現を願っている関係者はもちろん、実現に向けて地域福祉実践を担ってきた者にとって、この共同宣言は、新たなステージを迎えたことを意味します。とても力強く喜ばしいことです。しかし、宣言は具体化されなければ、よくある絵に描いた餅になってしまいます。

　全国社会福祉協議会では、具体化の鍵は人材（人財）養成を通じて形成される協働関係にあると考えました。そして、3者からなる委員会（学識経験者、全国経営協、全社協）による企画委員会を形成し、社会福祉法人・福祉施設等と社協が「お互い顔の見える関係」を構築し、地域生活課題や社会資源等を情報共有できるきっかけや、ネットワーク組織の活性化のきっかけとなるように、市区町村圏域において、社会福祉法人・福祉施設等と社協双方の職員が一緒になって学ぶことができる研修プログラム及び研修テキストを開発しました。

　本書は研修プログラムにそった研修テキストであり、地域共生社会の実現に向けた政策動向や地域生活課題の解決に向けたソーシャルワークの基本的な機能等を、現場の第一線の福祉人（ソーシャルワーカー）が執筆した実践事例等を通じて学ぶことができる実践的な内容となっています。すばらしい全国の事例は皆さんの宝です。みんなで学び合いましょう。

　本書の作成に際して、多くの関係者のご協力をいただいたことにお礼申し上げます。本書が多くの福祉人（ソーシャルワーカー）に活用され、全国各地での地域生活課題の解決に向けた取り組みにつながることを心から願っております。

　　　　社会福祉法人　全国社会福祉協議会
　　　　これからの地域づくりを担うソーシャルワーク現任者の実践力の強化・育成に関する企画委員会
　　　　　　　　　　　　　　　　　　　　　　　　委員長　上野谷　加代子

本書の使い方と研修の概要

1 本書の使い方

本書は、「地域生活課題の解決に向けたソーシャルワーク研修」（以下、本研修）の研修プログラムにそった教材です。また、本書のみを通読するだけでも、「地域づくり」のソーシャルワークの視点を理解することができるように、「第1部 地域共生社会の実現に向けたソーシャルワークの基礎知識を理解しよう」「第2部 事例をとおして、社会福祉法人・福祉施設等と社協における地域実践を理解しよう」「第3部 資料」の3部で構成されています。

「第1部 地域共生社会の実現に向けたソーシャルワークの基礎知識を理解しよう」では、地域生活課題のとらえ方やソーシャルワークの基礎知識等を解説しています。

「第2部 事例をとおして、社会福祉法人・福祉施設、社協等における地域実践を理解しよう」では、地域共生社会の実現に向けた社会福祉法人・福祉施設と社協等の連携・協働の取り組み等を実践事例を通じて学ぶことができます。

「第3部 資料」では、改正社会福祉法や、さらに学び深めるための参考図書等を紹介しています。

なお、より一層の学びを深めるためにも、次にご紹介する研修へのご参加をおすすめしております。

2 地域生活課題の解決に向けたソーシャルワーク研修とは

本研修は、地域共生社会の実現に向けて、社会福祉法人・福祉施設等と社協が「お互い顔の見える関係」を構築し、地域生活課題や社会資源等を情報共有できるきっかけや、ネットワーク組織の活性化のきっかけとなるように、市区町村圏域において、社会福祉法人・福祉施設等と社協双方の職員が一緒になって学ぶことができる研修プログラムです。

<目 的>
- 社会福祉法人・福祉施設、社協等に所属する職員が、市区町村圏域において、連携・協働し、地域生活課題の解決をともにめざせるようにすること。

<対象者>
- 社会福祉法人・福祉施設、社協等で「地域における公益的な取組」や複数法人間連携等を担当

する職員 等
- 社会福祉法人・福祉施設、社協等で地域づくりを担う職員 等
  - 地域づくりのためにソーシャルワークを学ぶ現任者
  - 多職種連携や多機関協働を担うソーシャルワーク現任者

<到達点>
- 地域づくりのためのソーシャルワークの視点を身につけることができるようになること。
- ソーシャルワークの共通言語で地域生活課題について語ることができるようになること。
- 制度の枠にとらわれずに、地域生活課題を包括的に把握し、多機関協働と多職種連携のもとに、地域生活課題の解決に向けた多様な実践を展開できるようになること。

- 社会福祉法人・福祉施設と社協等のネットワーク構築に向けたアクションを起こせるようになること。

シャルワークの基礎知識等を学びます。講義で得た知識をもとに、演習を通じてソーシャルワークの主要な機能を学んでいきます。

＜全体像＞
- 本研修は、①講義、②演習、③振り返りの三つから構成されています。本テキストを使用した講義をもとに、地域生活課題のとらえ方やソー

＜研修プログラム＞

	プログラム	内　容
①講義	講義①	「地域生活課題のとらえ方」
	講義②	「地域共生社会とは何か」
	講義③	「なぜソーシャルワークが求められているのか」
	講義④	「ソーシャルワークの基礎」
	講義⑤	「ソーシャルワークの主要な機能」
②演習	演習①	「地域共生社会の理念と地域づくりを担う実践者への期待」
	演習②	「本人・家族の困りごとや生きづらさを理解する」【ニーズの発見とアセスメント】
	演習③	「本人・家族を支えるネットワークづくり」【地域住民や関係機関との連携】
	演習④	「本人・家族を支える地域づくり」【協働による社会資源の開発】
	演習⑤	「研修の振り返りとアクションプランの作成」
③振り返り	演習⑥	「研修受講後の実践の振り返り」

みんなでめざそう！ 地域づくりとソーシャルワークの展開 目次

はじめに

本書の使い方と研修の概要

地域共生社会の実現に
向けたソーシャルワークの
基礎知識を理解しよう

　地域共生社会の実現に向けて、社会福祉法人・福祉施設、社協等が地域生活課題の発見や情報共有を図り、地域住民や多様な福祉組織・関係者との「連携・協働の場」を活性化させ、地域生活課題の解決に向けた多様な事業・活動の開発・展開をすすめることが求められている。

　社会福祉法人・福祉施設、社協等の福祉人（ソーシャルワーカー）が、それぞれの地域において、複雑化・複合化する地域生活課題の解決に向けた連携・協働の実践の担い手となれるよう、「地域」のとらえ方や地域共生社会の実現に向けた制度動向、ソーシャルワークの基礎知識や主要な機能等について学んでいく。

　本書での学びを通じて、社会福祉法人・福祉施設、社協等が連携・協働して、地域生活課題や社会資源等を情報共有できるきっかけや、ネットワーク組織の活性化につながることが期待される。

第1章 地域生活課題のとらえ方

第1節 地域生活課題とは何か

01 | 福祉ニーズの複合化、複雑化

　近年、「8050問題」が注目されるようになった。中高年のひきこもりの子どもを高齢の親が支えている家庭が増えている。2018（平成30）年の内閣府調査によると、40歳から64歳の中高年のひきこもりは全国に61万3,000人存在するとされており、15歳から39歳の若年層のひきこもりより多い。

　80代の親の介護の相談で家庭訪問をしたときに、初めて子どものことがわかることが多い。しかし、親が子どものことを隠していたり、子ども自身が困っているという認識をもたないので、それまで周囲に援助を求めなかったり、支援を拒否するような事例もある。

　また親の介護と子育てを同時にしなければならないといったダブルケアも社会問題になっている。2015（平成27）年の内閣府調査では、ダブルケアを担っている人は少なくとも25万3,000人程度おり、今後増えていくと推計されている。特に40～44歳がピークになっている。介護を理由に仕事を辞めざるを得ないという介護離職も増えている。

02 | 地域生活課題を理解

　こうした変化をふまえて、2017（平成29）年に社会福祉法が改正され、「地域生活課題」という新しい概念が規定された。社会福祉法第4条第3項では、次のように規定されている。

> 　地域住民等は、地域福祉の推進に当たつては、福祉サービスを必要とする地域住民及びその世帯が抱える福祉、介護、介護予防（要介護状態若しくは要支援状態となることの予防又は要介護状態若しくは要支援状態の軽減若しくは悪化の防止をいう。）、保健医療、住まい、就労及び教育に関する課題、福祉サービスを必要とする地域住民の地域社会からの孤立その他の福祉サービスを必要とする地域住民が日常生活を営み、あらゆる分野の活動に参加する機会が確保される上での各般の課題（以下「地域生活課題」という。）を把握し、地域生活課題の解決に資する支援を行う関係機関（以下「支援関係機関」という。）との連携等によりその解決を図るよう特に留意するものとする。

　「地域生活課題」とは何かを理解するうえで三つのポイントがある。一つめは、従来のように個人だけではなく、複合的にその世帯が抱えている課題をとらえ、家族支援を前提にすることである。「8050」といわれる80代の親の介護の問題、50代のひきこもりの問題、それらを別々にするのではなく世帯の支援としてとらえる。あるいはダブルケアの問題など、福祉サービスを必要とする個人としてだけではなく、世帯としてとらえる。

　二つめは従来からいわれてきた、福祉や介護、介護予防、保健医療だけではなく、住まい、就労、教育まで広げた地域生活課題という概念が示されたことである。特に最近では居住ニーズや就労ニーズに対する支援の必要性が認識されてきた。今回の改正では「教育」が加わった。教育を受ける権利（憲法

第 26 条）として、適切な教育がなされているかどうか。子どもであれば、いじめや不登校、教育格差やヤングケアラー（大人に代わり、家事や介護など家族の世話をする子ども）、家庭環境や教育環境、特別支援教育など教育福祉の問題があげられる。ただし教育には社会教育、生涯学習といった分野も含まれる。その人の学ぶ権利、学習権が保障されているか否かも大事な視点になる。

　三つめは、社会的孤立や社会参加の機会の確保が地域生活課題として加えられたことである。その人や家族が地域から孤立していないか、またあらゆる分野の活動に参加する機会が確保されているかどうかが重要な視点になる。

　社会的孤立とは、「8050 問題」や長期のひきこもり、いわゆる「ごみ屋敷」に居住している人たち、再犯を繰り返す人たち、虐待や DV、自殺や孤立死といった状況にある人たちに共通する状態である。社会的孤立には、家族、近隣や地域、組織や集団からの孤立だけではなく、情報、制度やサービス、社会的役割からの孤立も含まれる。こうした状況が長期化すると、自己肯定感が低下し、生きる意欲そのものが喪失していく。やがて周囲に助けも求めず、自分のことは放っておいてほしいという放任した状態（セルフネグレクト）に陥る。さらに長期化していくことで周囲からも排除されていく。こうした社会的孤立による負の連鎖を断ち切ることが必要である。

　社会参加の機会の確保とは完全参加、つまりノーマライゼーションの問題である。1981 年の国際障害者年（完全参加と平等）を契機にして、日本でノーマライゼーションの考え方が普及した。身体障害者福祉法、障害者基本法で、「社会、経済、文化その他あらゆる分野の活動に参加する機会が確保されていること」として共生社会の実現が規定された。社会参加における合理的配慮の問題が、地域生活課題として位置づけられたことになる。

03 ｜ 地域生活課題のアセスメント

　こうした地域生活課題を把握していくためには、本人や世帯の状況だけではなく、その人たちを取り巻く周囲のようすや社会資源のアセスメントも必要になる。本人・世帯・地域の複合的かつ包括的なニーズキャッチ、つまり「丸ごと」のアセスメントをしていかなければならない。

　具体的には、本人だけではなく、世帯として家族支援の視点からアセスメントをすること。また社会的孤立や社会参加の課題を把握するためには、社会関係や社会資源の状況もつかまなければならない。その人がどんな地域で暮らしているかという地域アセスメントである。

　その際には、ICF（国際生活機能分類）の枠組みが参考になる。特に活動（activity）、や参加（participation）のアセスメントである。例えば参加では、家庭内の役割、働くこと、職場での役割、また趣味やスポーツに参加する、地域組織のなかで役割を果たす、文化的・政治的・宗教的等の集まりに参加するなど、広い範囲のものが含まれている。ICF で強調されている、ストレングス（良さ、長所、強み、魅力、資源、可能性など）や環境因子の視点は、地域生活課題をアセスメントする際に有効である。

　一方で、こうした地域生活課題は、本人や家族からの申請を待っていては、把握できないことも多く、地域で潜在化している場合、アウトリーチが重要になる。しかし専門職だけがアウトリーチしても物理的に限界がある。地域のなかで発見の仕組み、予防の仕組みをつくっておくことが有効になる。そのためには「地域生活課題」とは何かを地域住民の人たちとも共有していくことが大切である。それらが自己責任なのではなく、社会的な要因があるという認識を共有することが重要である。

01 | 「地域」のとらえ方

　地域とは、私たちの生活の基盤である。そこに様々な人が生業を営み、生死をむかえ、政（まつりごと）を行い、風土のなかで文化を醸してきた。区画された土地を示すのではなく、生活の空間を意味する。住み慣れた地域で暮らし続けたいという人もいれば、より快適で便利な地域に移り住みたいという人もいる。その土地に代々住んできた家族もあれば、外国から来日してきた人たちもいる。そうした多様な人たちが織りなして、地域が営まれている。地域はいろいろな顔をもつ、生き物でもある。時に支え合い、安心できる故郷としてのあたたかい顔がある。しかし同時に、異なる人たちを排除したり、同じであることを強要（同調圧力）する怖い顔もある。その土地が有する機能だけではなく、それぞれの風土の違い、それは生活によって醸成された地域の特性である。また土地の範囲を超えた人々のつながりとして、コミュニティの重要性を指摘することもある。誰一人取り残さない、持続可能（SDGs）な地域社会にしていくといった、未来志向の地域のあり方についても考えていかなければならない。

　さらに地域と一口にいっても、どの範囲をさすのか、人によってイメージが違う。身近な向こう三軒両隣（班、組）→自治会や町内会の単位→小学校の通学範囲→中学校の通学範囲→市町村の全域→近隣の市町村を含めた広域→県の全域といったように整理することができる（図1）。ただし小学校の通学範囲といっても都市部では狭い範囲になるが、地方によってはスクールバスを使って通学するところも

図1　地域空間を重層的にとらえる

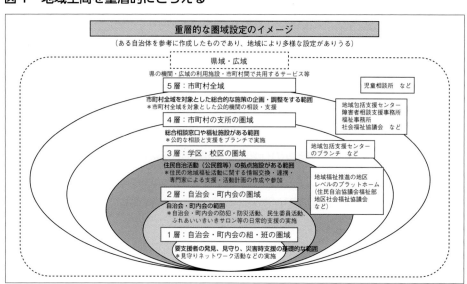

（出典）厚生労働省「『これからの地域福祉のあり方に関する研究会』報告書」2008年

あるので、その規模は同一ではない。とはいえこのように重層化して地域をとらえることで、地図上の平面的な「圏域」ではなく、生活圏として構造的に理解することが可能になる。ちなみに介護保険制度では、「日常生活圏域」として中学校区を想定している。

02 「地域」を取り巻く変化

日本は 1970（昭和 45）年に高齢化率が 7％になり、「高齢化社会」になった。世の中で認知症や介護への関心が高まり、高齢化社会に備えた社会保障の改革も行われた。ちなみに 1994（平成 6）年には高齢化率が 14％となり「高齢社会」になった。この間、わずか 24 年間。諸外国でも類を見ないスピードで日本は高齢化してきた。

2025（令和 7）年には高齢化率が 30％を超え、かつ団塊の世代が 75 歳以上になる。75 歳以上になると要支援や要介護の認定を受ける割合が大きく上昇する。またこれからは単独、夫婦のみ世帯が増え、認知症の人も増加していく。要介護の人たちをどう支えていくのか。これを 2025 年問題と称して、その解決策として地域包括ケアシステムの構築がすすめられてきた。

また 2025 年問題においては、今以上に少子化もすすむ。国は 2020（令和 2）年に「少子化社会対策大綱」を定めたが、人口動態統計によると 2019（令和元）年の出生数は、1899（明治 32）年の調査開始以来最も少ない 86 万 5,234 人。合計特殊出生率は 1.36 と低下している。

こうした人口減少社会をむかえ、後期高齢者の増加や著しく少子化が進展するなかで、社会保障全体の改革が必要となり、社会保障制度改革国民会議が報告書（2013 年）を示した。そのなかで社会保障の「1970 年モデル」を「21 世紀（2025 年）モデル」に変えていくことが提言された。これからは全世代型の社会保障をめざし、医療や社会福祉の改革が必要とされた。

さらに今日の社会保障改革の議論では、「2040 年問題」への議論がはじまっている。2040 年というのは、団塊ジュニア世代（1971 ～ 1974 年に生まれた世代）が 65 歳以上になっていく時代である。このときには生産年齢人口（15 ～ 64 歳）が今以上に減り、高齢者が増えていく。その高齢者も単独世帯、85 歳以上が増える。また就職氷河期に安定した雇用を得ることができなかった世代がそのまま高齢となり、困窮化もすすむかもしれない。単独の死後事務委任や死後支援のサービスが必要になっていく。

今より、もっと厳しい状況が予測される。ただし希望がないわけではない。福祉の現場にも ICT（情報通信技術）が積極的に導入され、介護ロボットや福祉に関する AI（人工知能）も開発されていくことであろう。

03 新しい地域福祉計画

2017（平成 29）年には、社会福祉法第 107 条の市町村地域福祉計画に関する事項が改正された。改正のポイントは、四つある。一つには、地域福祉計画の策定が自治体の任意だったものが、努力義務規定になったこと。二つには、地域福祉計画が分野別計画の上位計画として位置づけられたこと。法律では「地域における高齢者の福祉、障害者の福祉、児童の福祉その他の福祉に関し、共通して取り組むべき事項」が加わったこと。三つには、地域福祉計画の進行管理（PDCA）が明確化されたこと。法律では「定期的に、その策定した市町村地域福祉計画について、調査、分析及び評価を行うよう努める」とされたこと。四つには、地域福祉計画に盛り込む事項として、「地域生活課題の解決に資する支援が包括的に提供される体制の整備に関する事項」が加わったことである。

こうした新しい地域福祉計画策定にあたっては、従来から重視されてきた「住民参加」に加えて、地域の福祉、保健医療などの「専門職参加」と、自治体の様々な分野での「職員参加」が不可欠である。

第3節 地域生活課題の解決を通じた地域づくり

01 │ 社会福祉法における地域福祉の推進

社会福祉法では、地域福祉の推進について第 4 条第 2 項において次のように規定している。

> 地域住民、社会福祉を目的とする事業を経営する者及び社会福祉に関する活動を行う者（以下「地域住民等」という。）は、相互に協力し、福祉サービスを必要とする地域住民が地域社会を構成する一員として日常生活を営み、社会、経済、文化その他あらゆる分野の活動に参加する機会が確保されるように、地域福祉の推進に努めなければならない。

この条文のポイントは、①地域住民、②社会福祉を目的とする事業を経営する者、③社会福祉に関する活動を行う者という「三者」が相互に協力し、地域福祉の推進に努めなければならないとされている点である。この三者によって、A：福祉サービスを必要とする地域住民が地域社会を構成する一員として日常生活を営めるようにする、つまり社会的包摂（ソーシャルインクルージョン）をすすめること。B：社会、経済、文化その他あらゆる分野の活動に参加する機会が確保されるようにすること。つまり完全参加という共生社会（ノーマライゼーション）を実現すること。それが地域福祉の推進であるという大切な条文である。

しかし、この地域福祉の推進する者には、国及び地方公共団体は含まれていない。地域共生社会の推進は地域住民に「丸投げ」することでも、「我が事」として押しつけられるものでもない。そこで地域福祉の推進における公的責任をあきらかにする必要があることから、2017（平成 29）年の社会福祉法改正で、国及び地方公共団体の責務として、「地域住民等が地域生活課題を把握し、支援関係機関との連携等によりその解決を図ることを促進する施策その他地域福祉の推進のために必要な各般の措置を講ずるよう努めなければならない」とされた。

さらに 2020（令和 2）年改正では、より具体的に社会福祉法第 6 条第 2 項において下記のように定められた。

> 国及び地方公共団体は、地域生活課題の解決に資する支援が包括的に提供される体制の整備その他地域福祉の推進のために必要な各般の措置を講ずるよう努めるとともに、当該措置の推進に当たつては、保健医療、労働、教育、住まい及び地域再生に関する施策その他の関連施策との連携に配慮するよう努めなければならない。

行政は地域生活課題を解決していくために包括的支援体制を整備していくこと。また、「地域再生」に関する施策も含めて関連施策と連携していくことが定められた。これからの地域共生社会の実現をめざした地域福祉は「三者」だけではなく、行政を加えた「四者」によって推進されていく。

そのためには、多様な構成員による対話や協議により合意を形成し、それに基づいて計画的に取り組みを推進していく過程、そのための場（空間）や仕組みを形成し、それを運営していく、地域福祉ガバナンスが重要になる。以前のような行政による一方的なガバメント（統治）ではなく、関係者によるガバナンス（共治）、連携や協働が大切になる。

02 | 地域づくりの三つの視点

　地域共生社会における地域づくりの方向性は三つある。一つは先述したように、持続可能な地域社会を構築していくための「地域再生」の取り組みと連動した地域づくりである。民主的な合意形成による集落自治の活性化や、農業や漁業、観光といった地元産業と連携した雇用の創出、地域経済の活性化と循環した地産地消の地域福祉といった取り組みは、福祉分野にとらわれない地域づくりを志向している。

　二つめは地域生活課題の発見・共有化と問題解決に向けた福祉関係者の地域組織化による地域づくりである。福祉コミュニティをしっかりつくるという営みである。ただし全市的なネットワークもあれば、日常生活圏域、さらに身近な地域での取り組みもある。重層的に福祉コミュニティをつくっていく必要がある。その際に従来の社協だけではなく、社会福祉法人・福祉施設や医療機関、NPO法人、企業といった多様な構成員による協働により、プラットフォームを構築していく。

　そして三つめは、個人や家族を支えることができる地域づくりである。ソーシャルサポートネットワークを形成する取り組みである。見守りや生活支援（買い物、移動、家事など）、支え合い、災害時の避難行動支援などにつながる。また早期に発見する、専門職につなげる、という役割も地域の大切な点である。それには普段から、地域住民と専門職の信頼関係をつくっておく必要がある。住民にとって、地域生活課題を発見することが負担になるのではなく、安心して専門職につなげてもらえる信用がなくては成立しない。

　生活困窮者自立支援制度では、その理念のなかに「生活困窮者支援を通じた地域づくり」が位置づけられている。具体的には、①生活困窮者の早期把握や見守りのための地域ネットワークを構築し、包括的な支援策を用意するとともに、働く場や参加する場を広げていく（既存の社会資源を活用し、不足すれば開発・創造していく）。②生活困窮者が社会とのつながりを実感できなければ主体的な参加に向かうことは難しい。「支える、支えられる」という一方的な関係ではなく、「相互に支え合う」地域を構築することが大切である。つまり三つの視点は往還しているのである。

03 | 地域住民の福祉意識にはたらきかける

　地域づくりをすすめる上で、最もむずかしいのは、人々の意識の変革であるといえる。制度や仕組みは専門職が知恵を出し合ってつくることができても、地域に暮らしている私たちの福祉意識はそれだけで変わるものではない。2016（平成28）年に起こった相模原障害者施設殺傷事件では、「この世の中から障害者がいなくなればいい」と犯人が語り、むき出しの優生思想による差別問題があらわになった。しかし地域のなかで、内なる優生思想や福祉に対する差別、偏見は後を絶たない。障害者差別解消法など差別を禁止する法律はできても、それだけで解消されるものではない。

　共生社会（ノーマライゼーション）を実現していくためには、私たち一人ひとりの福祉意識を変えていく必要がある。またそれは啓発だけではなく、自らの問題として主体的に解決していけるよう行為を変える、あるいは社会を変えていけるようはたらきかけること、すなわち主体形成を促していくことが必要である。そのためには「学ぶ」こと、学び合える環境をつくっていくことが重要となる。社会福祉の分野では、「福祉教育」として1970年代から取り組まれてきた。しかし50年を経ても、共生の文化は容易に醸成されるものではない。しかしソーシャルワーカーが福祉教育をし続けなければ、本当の意味で地域は変わっていかない。

第 1 節 　地域共生社会の理念

01 | 地域共生社会のとらえ方

　「地域共生社会」には五つの視点がある。すなわち、①理念や哲学、②実践や運動、③新しいニーズ、④これからの政策、⑤研究である。

　「地域共生社会」というとき、それは昔からあった議論だという意見がある。特に①や②の視点からすれば、確かにそれは今にはじまったことではない。

　共生社会をつくる、このことはノーマライゼーションの考え方である。地域でともに生きる社会をつくるという運動は、1970 年代から障害当事者運動を中心に展開されてきた。脳性まひ者による「青い芝の会」は地域の有する暴力性や優生思想を批判しながら、権利としての共生のあり方を存在行動によって示そうとした。1981 年の国際障害者年を契機に広がったノーマライゼーションの考え方。国際障害者年では「完全参加と平等」をテーマにして様々な取り組みが展開された。その後、各地に広がった障害者の自立生活運動は共生社会を創出しようとしたアクションだった。

　1993（平成 5）年に富山県で民間デイサービス事業所「このゆびとーまれ」が開設された。富山県では、年齢や障害の有無にかかわらず誰も排除せずに柔軟に受け入れる民間の活動と、行政の縦割りを超えた横断的な補助金の交付とをあわせ、やがて「富山型デイサービス」としての形が整っていく。富山県は「丸ごと」の支援を先駆的に広げてきた。

　③や④の視点からは、2015（平成 27）年度から施行された生活困窮者自立支援制度が一つの契機となる。この制度の創設にあたっては、今日の生活困窮として経済的困窮だけではなく、社会的孤立の問題が指摘された。そこには長年ホームレス支援や自殺予防にかかわってきた関係者、あるいは地域の「ごみ屋敷」や複合的なニーズに取り組んできたソーシャルワーカーたちから縦割り制度の狭間の問題、従来の制度では解決できない新たな貧困の問題とコミュニティソーシャルワークの必要性が指摘された。

　こうした動きをふまえて、厚生労働省は「全世代・全対象型地域包括支援体制」という新しい福祉の提供ビジョンを発表する。これまでの高齢者を対象にした地域包括ケアの考え方を「深化」させ、すべての地域住民を包含した地域による「丸ごと」の支え合いの体制を構築しようというものである。その後の一連の社会福祉法等の法改正や新規事業の創設などの政策動向は、このビジョンが基点である。

　今日、厚生労働省が用いている「地域共生社会」とは、④の社会保障制度改革の一連の政策をさす、地域共生社会政策である。①から⑤のことを峻別して理解しておかなければならない。ただしその実現にあたっては、制度改革だけではなく、共生社会をめざす運動や実践とつながったものでなければならない。

　こうした地域共生社会の運動や実践は、従来の分野別・領域別の制度への批判であり、身近な地域で

の生活支援の新たなアプローチを模索するものである。⑤の研究は、日本地域福祉学会を中心として、こうした動きを総合的かつ学術的にとらえてきた。

02 | 地域共生社会の理念

地域共生社会については、「ニッポン一億総活躍プラン」（2016［平成28］年）において、以下のとおり閣議決定された。

> 子供・高齢者・障害者など全ての人々が地域、暮らし、生きがいを共に創り、高め合うことができる「地域共生社会」を実現する。このため、支え手側と受け手側に分かれるのではなく、地域のあらゆる住民が役割を持ち、支え合いながら、自分らしく活躍できる地域コミュニティを育成し、福祉などの地域の公的サービスと協働して助け合いながら暮らすことのできる仕組みを構築する。

ただしこのプランは、あくまでも少子高齢・人口減少社会における労働力不足に対する処方箋である。子育て・介護の環境整備は大切な施策であるが、このプラン自体は当事者のための視点からではない。共生社会の実現は経済成長の手段ではなく、社会福祉の視点から意味づけをする必要がある。権利としての地域共生社会に意味づけしていくことが大切である。

しかし社会福祉基礎構造改革以降、社会福祉は「契約」に基づく、サービスの提供者と利用者という二分された関係性が強くなってきた。これは制度としてのサービスを否定するものではない。ただし社会福祉のすべてが制度やサービスだけで成立するものでもない。

かつ「その人」は、利用者として一方的にサービスを提供されるだけの存在ではなく、生活者として「役割」をもつこと、つまり参加の機会が確保されることが不可欠である。

こうした「支え手側と受け手側に分かれるのではなく、地域のあらゆる住民が役割をもち、支え合いながら自分らしく活躍できる地域コミュニティ」とは、ケアリングコミュニティの思想につながる。

ケアリングコミュニティでは「相互に支え合う地域」を大切にする。その根底には相互実現的自立（interdependence）という新しい自立観を据えなければならない。20世紀の社会では、自立という考え方を拡大し多面的にとらえ、自立した近代的な市民像を描いてきた。自立プログラムでは依存（dependence）から自立（independence）へ、すなわち援助を受けなくてすむようになることを目標にしてきた。しかし人間は弱い存在である。その存在の弱さを認め合い、自己実現ではなく相互実現を可能にしていく生き方が問われるようになった。

最近注目されている「助けてと言える」、受援力、伴走型支援、寄り添う支援といった今日的なキーワードはそうした社会的文脈のもとに意識化されたものである。

interdependenceとは、心理学の分野では依存的自立などと訳されている。共依存（codependence）とは異なり、相互によりよく生きていこうというベクトルを有する。

地域福祉の分野、とりわけボランティアの分野では「相互実現」という概念が使われてきた。社会福祉協議会に設置されているボランティアセンターの前身である「善意銀行」を1962（昭和37）年に徳島県で立ち上げた木谷宣弘は、ボランティアとは「相互実現の途」と答えていた。ボランティアの世界では、ボランティアをする人とされる人といった関係ではなく、相互によりよく生きようという関係性こそが大切である、という意味である。まさにinterdependenceとは、この「相互実現的自立」である。自分らしさを強調した自己実現ではなく、相互実現というところに意味がある。同じことを「広がれボランティアの輪」連絡会議の会長をつとめる上野谷加代子は「たすけられ上手、たすけ上手に」と説いている。そのなかで、「たすけられ上手になる生き方」の大切さを問うている。

こうした、互いが支え合いながらよりよく生きていける自立観への転換が求められている。地域共生社会、ケアリングコミュニティが求める自立観はこの視点が基本になる。

第 **2** 節 包括的支援体制が
求められる背景

01 │ 制度の縦割り、狭間、制度の枠を乗り越える

　戦後、社会福祉の制度は大きく発展してきた。児童、障害、高齢、生活保護といった分野ごとに様々なサービスをつくり、生活を支えてきた。制度によるサービスが保障されることで安心した生活が送れてきた半面、それぞれの制度の「縦割り」が問題になってきた。切れ目ない継続した支援が大切だといわれるが、日本では年齢や障害の種別や程度、世帯収入など諸条件によって利用できる制度には制限がある。結果として、それぞれ独立した制度が、役所での細分化された窓口となり、「たらい回し」といった苦情が指摘されるようになっている。

　たらい回しにされても、最終的に解決に至ればよいが、制度によるサービス自体が存在しないこともある。「制度の狭間」という状況である。新たな制度をつくっていくことも必要であるが、様々な人や家族を包括的に支援できるというセーフティネットが必要になってきた。

　地域には、本人や家族に「困っている」という認識がない人たちもいる。周りは心配していても、本人は「大丈夫だ」と言い張る。それにはそれで個別の背景や要因がある。なかには他人のかかわりやサービスを拒否する人もいる。いずれにしても、制度の前提は「申請主義」である。本人や家族からの申請がない、あるいは同意が取れないと支援ができないという事例もある。逆に申請がないのだから放っておけばいいという見方、つまり自己責任だからと言う支援者もいる。その結果、問題がより複雑になり、こじれてしまい、生命の危機にまで陥ることもある。支援者が異口同音に言うのは、「もっと早く相談にのっていれば」という後悔である。

　こうした状況をふまえると、地域のなかで新しいセーフティネットをつくっていく必要がある。地域共生社会とは、将来を見据えて、市町村ごとに重層的なセーフティネット（安心安全な仕組み）をつくっていこうという挑戦である。包括的支援体制とは、このような背景のなかで構想されてきた。

02 │ 地域包括ケアシステムと包括的支援体制

　「地域包括ケアシステム」は、高齢者を対象にして、医療、介護、介護予防、住まい及び自立した日常生活の支援が包括的に確保される体制のことをいう（地域における医療及び介護の総合的な確保の促進に関する法律第 2 条）。

　この「必要な支援を包括的に提供する」という考え方を、障害のある人や子ども等への支援にも普遍化することで、8050 問題やダブルケアといった、問題が複合化している今日的な課題に対応できるような包括的な支援体制を構築していくことになった（**図 2**）。

　わかりやすくいえば、65 歳以上を対象にしてきた地域包括ケアシステムを生かしつつ、これからは

図2 包括的支援体制と地域包括ケアシステムとの関係

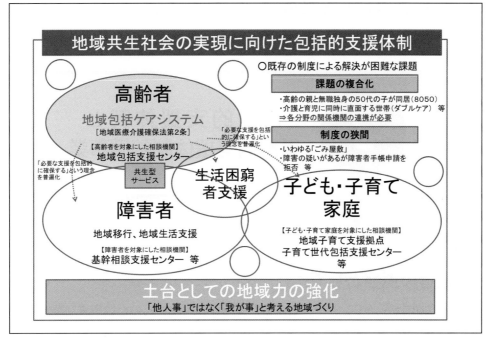

（出典）厚生労働省資料

年齢にかかわらず、すべての人を対象にした包括的支援体制を構築していくということである。

03 | 社会福祉法人制度改革

　社会福祉法人の公益性・非営利性をふまえ、法人の本旨から導かれる本来の役割を明確化するため、「地域における公益的な取組」の実施に関する責務規定が、2016（平成28）年の社会福祉法改正（第24条第2項）によって明記された。社会福祉法人においては、これまでに培ってきた福祉サービスに関する専門性やノウハウ、地域の関係者とのネットワーク等を生かしながら、「地域における公益的な取組」の実践を通じて、こうした地域づくりと連携し、積極的に貢献していくことが期待されている。

　地域共生社会の実現に向けた地域づくりをすすめていく観点から、地域住民がそれぞれの立場で地域社会に参加し、協働していくことが重要であることから、①地域共生社会の実現に向けた取り組み、具体的には住民の居場所（サロン）、活動場所の提供等を通じた地域課題の把握や地域づくりに関する取り組み、②住民ボランティアの育成、③災害時に備えた地域のコミュニティづくり、④住民に対する福祉に関する学習会や介護予防に資する講習会など、取り組み内容が直接的に社会福祉に関連しない場合であっても、地域住民の参加や協働の場を創出することを通じて、地域住民相互のつながりの強化を図るなど、間接的に社会福祉の向上に資する取り組みであって、当該取り組みの効果が法人内部にとどまらず地域にも及ぶものである限り、この要件に該当するとされた。社会福祉法人・福祉施設の職員が積極的に地域にはたらきかけていくことが求められている。

　先述したように地域へのアプローチとして、サービスを提供するだけではなく、アウトリーチをとおして潜在的なニーズを掘り起こしていくこと、ソーシャルワークの機能を果たしていくことが重要である。また共生社会をつくり上げていくために、偏見をなくし共生する福祉意識を形成するための福祉教育などは、施設に求められる公益的な取り組みの基本である。これまで福祉施設は子どもたちを「受け入れる」という受け身の姿勢であったが、これからは地域を基盤とした福祉教育の拠点として、共生社会の礎を築いていくことが期待される。

　以上、これから推進されていく包括的支援体制の構築に向けて、社会福祉法人が果たす役割は大きい。

**包括的支援体制と
重層的支援体制整備事業**

01 │ 事業者の責務として

　社会福祉法第 106 条の 2 では、地域包括支援センターなどの相談事業を経営する者の責務として、「当該事業を行うに当たり自らがその解決に資する支援を行うことが困難な地域生活課題を把握したときは、（略）支援関係機関に対し、当該地域生活課題の解決に資する支援を求めるよう努めなければならない」と規定した。

　例えば、8050 問題を把握したときに、50 代の子どものひきこもりの支援は、事業者の本来業務ではないからといって「見て見ぬふり」をしてはいけないという条文である。ただしこの条文では、その事業者に解決までを求めてはいない。支援関係機関につなぐことが求められている。

02 │ 包括的支援体制の整備

　その具体的なつなぎ先について、社会福祉法第 106 条の 3 では、「市町村は、（略）地域生活課題の解決に資する支援が包括的に提供される体制を整備するよう努めるものとする」と定めた。つまり今後、市町村は包括的支援体制を整備していくことが努力義務とされている。

　具体的には、次の三点が上げられる。

　一つには、地域住民が自ら暮らす地域の課題を共有し、解決に向けて協働できるような地域づくりの取り組み（**図3**の【1】）であり、つまり、①ボランティアや市民活動など参加を促す中間支援組織（例えばボランティアセンター）などの活動への支援、②様々な人たちが交流できる拠点、例えばサロンやカフェ、こども食堂などの整備、③地域住民等に対する研修とは、啓発・広報や学習の機会といった福祉教育、④その他の地域福祉推進のための環境整備、例えば地区社協等の組織化や小地域福祉活動計画などの策定が当てはまる。換言すれば、従来の社協の地域福祉活動推進の事業は、ほとんどここに当てはまる。今まで社協の地域福祉推進事業に法的根拠がないといわれていたが、今回の法改正で、きちんと地域福祉活動が位置づけられた。

　二つには、様々な相談を「丸ごと」受け止める場の整備（**図3**の【2】）であり、具体的に「地域住民等が自ら他の地域住民が抱える地域生活課題に関する①相談に応じ、②必要な情報の提供及び③助言を行い、必要に応じて、支援関係機関に対し、④協力を求めることができる体制の整備に関する事業」をあげている。

　三つには、相談機関の協働、ネットワーク体制の整備（**図3**の【3】）であり、市町村全域で世帯全体の複合化、複雑化した地域生活課題を受け止め、市町村全体で総合的に解決に向けて取り組むための体制整備である。つまり高齢・障害・児童といった従来の縦割りの分野を超えた、あるいは社会福祉だ

図3　地域における住民主体の課題解決力強化・包括的な相談支援体制のイメージ

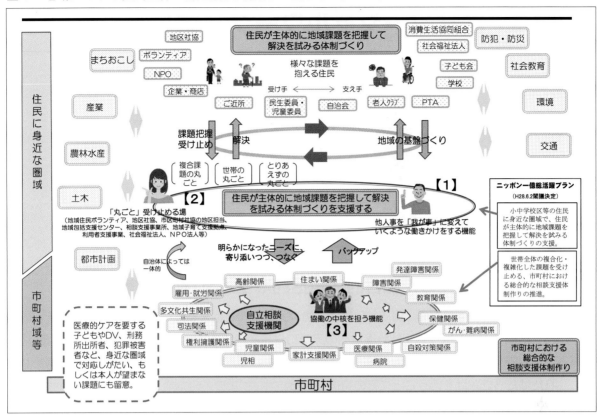

（出典）厚生労働省資料

けの関係者ではなく、総合的な相談支援体制のネットワークである。

　以上の3点に加えて、**図3**の左下に注目してほしい。「医療的ケアを要する子どもやDV、刑務所出所者、犯罪被害者など、身近な圏域で対応しがたい、もしくは本人が望まない課題にも留意」とある。小規模な自治体だけでは対応できない課題、より高次で専門的な介入が必要な課題、居住地から離さねばならない事例、当事者が敢えて身近なところでは支援を受けたくない場合など、市町村広域や県域などを圏域として支援するネットワークも必要である。

　包括的支援体制とは、こうした体制を整備していくことである。このような体制整備を市町村の努力義務にし、地域福祉計画のなかに盛り込むことになったのである。

03 ｜ 重層的支援体制整備事業

　今回の改正では、包括的支援体制をさらに具体的に推進していくために重層的支援体制整備事業（第106条の4）が位置づけられ、2021（令和3）年度から任意事業として施行されている。市町村において、既存の相談支援等の取り組みを生かしつつ、地域住民の複雑化・複合化した支援ニーズに対応する包括的な支援体制を構築するため、①相談支援、②参加支援、③地域づくりに向けた支援を一体的に実施する事業となっている。さらに、この新たな事業を実施する市町村に対しては、関連事業に係る補助等について一体的な執行を行うことができるよう、交付金が交付される。

　①相談支援では、アウトリーチや多機関協働が重視される。

　②参加支援というのは、新しい考え方で、ボランティアや社会教育の講座、サロンや居場所、あるいは地域行事や祭りなどへの参加など、社会関係と役割を育むことがポイントである。

　③地域づくりでは、交流・参加・学びの機会のコーディネートが重要である。

第3章 なぜソーシャルワークが求められているのか

第1節 地域共生社会の実現とソーシャルワーク

01 地域に根差した総合的・包括的な生活支援の展開

　ソーシャルワークとは、何らかの生活課題や困難状況を抱える人々に対するアプローチと、人々が暮らす地域や人々を取り巻く社会環境へのアプローチとの両方を、一体的に行う営みである。すなわち、当事者である個人や家族への直接的な支援にとどまらず、地域のあり方や社会環境の改善をも視野に入れたはたらきかけを行うことにその特徴がある。

　そして今日、人々の生活を取り巻く社会状況の変化と、そのなかで生じる様々な生活課題は、ソーシャルワークがますます求められていることを示している。貧困や社会的孤立の問題だけでなく、子どもや高齢者への虐待、DVなどの家族関係のなかでの暴力、過労死や自殺、ひきこもりなどが社会問題となる現代社会は、人々が様々な事情で追い詰められ、いつ誰がそのような状態になってもおかしくない社会であるといえる。

　今日求められるソーシャルワークのあり方とは、何らかの制度に基づく特定の分野や領域のなかだけで、あるいは特定の対象者が想定された制度のもとだけで実践されるソーシャルワークではない。分野横断的、領域横断的、制度横断的に実践される、総合的かつ包括的な生活支援であり、地域に根差した支援として展開されるソーシャルワークである。それは、生活課題を抱える個人や家族、世帯への支援から、地域住民同士が互いにつながり、支え合う地域づくり、さらには様々な生活課題や困難を生み出す社会構造的な要因へとまなざしを向けて、社会変革を志向する実践である。そして、そのようなミクロからメゾ、マクロレベルに至る実践のあり方を描いて、関係する人々と連携・協働して実践を展開するソーシャルワーカーとしての社会福祉専門職の存在と、そのはたらきなのである。

　そのためには、地域で暮らす人々の日常に、そして当事者の生活とその困難状況に、ソーシャルワークがしっかりと結びついたものとなっているかが重要である。ソーシャルワークとは、人々が暮らす地域とそこでの生活に根差した実践であり、かつ当事者や地域住民の視座で展開される実践であることによって、初めて意味をもつものなのである。

02 ミクロ・メゾ・マクロレベルの実践が連動するソーシャルワーク

　何らかの「生きづらさ」や「生活のしづらさ」を抱えることは誰にでも起こり得ることであり、今日では個人や一つの家族、世帯で、複数の生活課題や困難状況を同時に抱えるということも発生している。また、何らかの困難を抱えていても、誰にも相談することなく、自ら助けを求めない人々も存在する。一方、地域に目を向けると、自治会や町内会への加入率の低下とともに、住民が互いに支え合うような地域の福祉力が脆弱化している。地域のなかで周囲から孤立している個人や世帯もあり、同じような生

活課題を抱える人々もいる。その他、昨今の家族機能の変化や雇用をめぐる社会状況の変化、単独世帯の増加や地域の人間関係の希薄化等にともなって、新たな生活課題への対応が必要な状況にもある。

　そのような状況のなかで求められる支援のあり方とは、生活困難状況にある当事者や家族、世帯それぞれに寄り添った個別支援であり、それらの人々が孤立することなく、参加できる場や役割を担える機会を地域につくる支援であり、さらに同じような問題を抱える人々を支えるネットワークの形成であり、地域住民や地域に存在する多業種との連携・協働による住みよい地域づくりの支援である。

　このことは、地域における総合的かつ包括的な生活支援とその仕組みや体制を整備することを意味する。すなわち、個人や家族、世帯に対する個別支援と、住民の暮らしを支える地域づくりや地域力向上のための地域支援との有機的な連動である。さらにそれは、地域の活性化や地域福祉の担い手の増加、そして住民が主体となって取り組む地域の福祉力の向上を図ることになり、ひいては地域共生社会の実現につながるということである。このような意義や目的を備えた総合的かつ包括的な支援、すなわち、ミクロ・メゾ・マクロレベルの実践が相互に連動する活動の展開が、ソーシャルワークが担うべき機能や役割として求められているのである。

03 ｜ 地域共生社会の実現と求められるソーシャルワーク

　地域共生社会の実現をめざして2020（令和2）年に改正され、2021（令和3）年4月に施行された「社会福祉法」に示されている「地域生活課題」とは、従来から福祉の対象とされてきた介護や介護予防、保健医療の範囲にとどまらず、個人や世帯が抱える住まいや就労、教育、さらには地域社会からの孤立等の問題や地域活動に参加する機会の確保にともなう課題まで含むものである。それは、社会福祉の法制度の範囲にとどまらない多様な領域や分野にまたがる、地域全体で取り組むべき生活課題である。そして、ソーシャルワークがこのような課題に対応していくために、様々な分野の職種や関係機関、また何よりも地域住民と、連携・協働することが求められる。地域におけるそのような連携や協働を可能にする仕組みや場をつくることも、ソーシャルワークの役割なのである。

　あらためて「地域共生社会」とは、人々が多様なかたちで地域や社会とつながり、地域や社会の一員として包摂され、様々な活動への参加が保障され、相互に支え合う関係のなかで、自分らしく生きることのできる地域や社会のあり方である。いわば、そこで暮らす誰もが排除しない・されない、孤立しない・させない地域のあり方であり、同時に地域の活性化や新しい地域活動の創出の可能性にも満ちた地域の姿である。

　このような地域共生社会の実現のためには、福祉や医療、保健や看護、教育などの専門職が、相互に分野横断的、業種横断的な連携と協働の体制を築くこと、すなわち地域における総合的で包括的な支援体制の構築が求められる。それは地域住民や多様な専門職、行政を含めた様々な関係機関、組織や団体がネットワークを形成し、それぞれの役割を発揮する仕組みである。

　人々が抱える生活課題が多様化、複雑化そして複合化する現代は、地域でのこのようなネットワーク形成や支援体制の構築は喫緊の課題であり、ソーシャルワーク専門職である社会福祉士や精神保健福祉士はもちろん、地域全体で取り組むべき課題であると考える。自らが所属する組織や団体、事業所や施設など、それぞれの実践現場を基盤にして、その専門性や対象とのかかわりに応じた、ミクロ、メゾ、マクロレベルでの多様で重層的な「ソーシャルワーク機能」を発揮することが求められているのである。

第**2**節 ソーシャルワークが
必要とされる理由

01 │ 人々の生活とともにあるソーシャルワーク

　私たちが生活を営むなかでは、様々な生活課題や困難状況に直面し得る。例えば、身体的、精神的な病気のこと、認知症や要介護状態にある家族の介護のこと、ひとり親家庭や子どもに障害があるなど子育てにともなうこと、いじめや不登校など就学や学校生活でのこと、非正規雇用やリストラなど就労にともなうこと、家庭における経済的なことや家族関係のことなど、様々あげられる。それらの課題や困難を前に、時には自分や家族の力だけでは解決できないことがある。あるいは必要な支援やサービスにつながらず、孤立した状態で困難を抱え続けることもある。特に今日のような変化が著しく、かつ複雑な社会状況のなかでは、このような生活課題や困難状況は決して個人や家族だけで抱えるべきことではなく、また個人や家族だけでそのすべてを解決していくものでもない。これは、誰にでも起こる可能性のあることなのである。

　ソーシャルワークは歴史的に、その時々の社会状況のなかで、人々の生活状況や生活課題、困難状況に向き合い、安定した社会生活の維持や建て直し、そして誰もが安心して暮らせる地域づくりや社会の実現に向けて、実践や教育、研究を重ねつつ発展してきた。それは、ソーシャルワークが、様々な生きづらさや生活のしづらさを抱える人々への直接的な支援の展開と、その困難状況を生み出す社会環境の改善に向けてのはたらきかけをとおして、専門性の向上と社会的信頼の獲得に取り組んできた歴史でもある。

02 │ 人々の生活に影響を与える社会状況への視点

　人々の生活状況は、その時々の社会状況に大きく影響される。したがって、生活課題や困難状況の現れ方も時代によって、また人々が暮らす地域や社会の状況によって異なる。

　例えば、介護や子育てに悩む家族にとって、身近に相談できる場所があるか、また地域に利用可能なサービスが整備されているかによってその困難の度合いも異なる。また、何らかの病気や障害があり在宅で生活する人にとっては医療機関が身近にあるか、地域や職場の理解や配慮が得られるか否かも生活や就労の継続に大きく影響する。さらには、貧困や社会的に孤立した状態にある人や家族にとっては、地域住民間のつながりや支え合い、行政と専門機関等とのネットワークが形成されている地域とそうでない地域とでは、問題の現れ方も異なるのである。個人や家族への直接的な支援と、地域のあり方や社会環境の改善へのはたらきかけとを、一体的にとらえた方法や実践としてのソーシャルワークの必要性と可能性がここにある。

　貧困や差別、社会的な排除や孤立の問題、また介護や子育て、就学や就労をめぐる問題など、ソー

シャルワークの対象となる生活課題は幅広く、そして多様である。ソーシャルワークは、個人とその家族、そして地域や社会など、個人と家族を取り巻く社会環境や社会構造をも視野に入れながら、それぞれに独自性や固有性をもつ人々の生活全体を支援する営みなのである。

03 ｜ 今日の様々な生活課題

　今日の日本は、少子高齢化の進行と人口減少の時代にあり、社会・経済状況や産業構造の変化、またそれにともなう就業構造や雇用形態の変化、地域社会の変化、さらには世帯構造や家族形態の多様化のなかにある。また、ICT の発達を背景に、経済や情報など様々な側面でのグローバル化がすすむなかで、人々の価値観やライフスタイルも多様化している。そのような社会状況のなかで、人々が抱える生活課題も、多様化・複雑化、また複合化や長期化の様相を見せている。例えば、不安定な就労条件や非正規雇用の増大、低所得や貧困問題の広がり、地域における血縁や地縁に基づく人々のつながりの希薄化や共同体機能の脆弱化、生活だけでなく生命の危機をもたらす大規模災害の発生など、人々の生活の安定を揺るがす様々な社会問題の発生がある。そのような社会状況の動きや変化のなかで、人々は様々な生活課題や困難状況に直面している。

　ひとり暮らしの住民が誰にも看取られずに亡くなる孤立死とその背景にある「社会的孤立」、他者や社会とつながろうとしない、つながることができない若者や中高年の「ひきこもり」、一つの世帯で親の介護と子育てを同時期に担う「ダブルケア」、「8050」問題といわれる 80 代の親とひきこもり状態にある 50 代の子どもの世帯が抱える生活困難、さらには 18 歳未満の子どもが、例えば祖父母の介護と病気の親の世話を同時に抱え、通学や学業に支障を来すなどの「ヤングケアラー」と呼ばれる子どもたちの存在も指摘されている。

　そして、2020（令和 2）年以降は、新型コロナウイルス感染症の広がりが、人々の生活や社会のあらゆる側面に大きな影響を及ぼしている。人との接触の機会や人々の自由な外出や移動、また集会やイベントなどの開催に制限がかけられ、さらに飲食店などが休業や営業時間の短縮を迫られるなど、その影響は多くの人々の生活に深刻なダメージを与えている。生活困窮者を支援する組織や団体には、このコロナ禍で突然仕事を失い、生活が立ち行かなくなった大勢の人々が相談に訪れている。また、生活困窮状態にあるにもかかわらず、自ら支援を求めない、あるいは支援を拒否する人々もいる。

04 ｜ ソーシャルワークが求められる時代

　以上のような生活課題に対して、分野・制度・領域をまたぐ横断的・越境的な対応、そして総合的・包括的・重層的な支援及び個別支援と地域支援の一体的な展開としてのソーシャルワークが求められている。今日の日本の社会状況とそのなかで生じる生活課題に向き合い、今を生きる人々の生活の現実、そして人々が暮らす地域社会の現状を見据えたソーシャルワークの機能とその役割を、あらためて問い直すべき時である。

　ソーシャルワークは、その時代に生きる人々の生活とともにあること、そして、その時々の社会状況のなかで生きづらさや生活のしづらさを抱える人々の側に立ち、その尊厳と権利を守るべく、地域や社会の変化をも見据えた支援やはたらきかけを行う営みでなければならない。そして、ミクロからメゾ、そしてマクロレベルでの実践が相互に連動して、重層的に展開される実践と方法であるということこそが、ソーシャルワークがこの時代に存在する意義となる。

第4章 ソーシャルワークの基礎

第1節 ソーシャルワークの定義

01 ソーシャルワーク専門職のグローバル定義

　ソーシャルワークは世界各国で実践されており、ソーシャルワーカーやソーシャルワーク教育機関の国際的な組織もある。前者については「国際ソーシャルワーカー連盟（IFSW＝International Federation of Social Workers）」、後者は「国際ソーシャルワーク学校連盟（IASSW＝International Association of Schools of Social Work）」が代表的な組織である。そして、2014年7月にオーストラリアのメルボルンで開催されたこの2団体の総会で、以下に示す「ソーシャルワーク専門職のグローバル定義」が採択された。これが現在のソーシャルワークを説明する国際的な定義である（注1）。

> 　ソーシャルワークは、社会変革と社会開発、社会的結束、および人々のエンパワメントと解放を促進する、実践に基づいた専門職であり学問である。社会正義、人権、集団的責任、および多様性尊重の諸原理は、ソーシャルワークの中核をなす。ソーシャルワークの理論、社会科学、人文学および地域・民族固有の知を基盤として、ソーシャルワークは、生活課題に取り組みウェルビーイングを高めるよう、人々やさまざまな構造に働きかける。
> 　この定義は、各国および世界の各地域で展開してもよい。

　この定義にある「社会変革」「社会開発」「社会的結束」「エンパワメント」「解放」という言葉は、ソーシャルワークの特徴を表す重要な言葉であり、これらを実現させ、促進することは、ソーシャルワークの中核となる業務である。ソーシャルワークは、誰もが社会の一員であり、地域で暮らす一人の住民として、その尊厳が守られ、その権利が尊重され、差別や抑圧、排除されることなく生きていける社会を実現するための活動を担う。そして、そのような社会のあり方が、制度や政策的な側面においても重視されることを求めることで、人々の自由で主体的な生活が支えられる環境整備に努めるのである。

　また、グローバル定義のなかにある「社会正義」「人権」「集団的責任」「多様性尊重」とはソーシャルワークの原理・原則を表す言葉である。社会正義や人権は、ソーシャルワークの存在意義にかかわる言葉であり、その実現と擁護の営みがソーシャルワークであるといっても過言ではない。そして多様性の尊重とは、多様な人々の存在の尊重、すなわち誰もが社会を構成する一員として尊重され、差別や排除されることなく、その尊厳が守られる状態の実現をソーシャルワークは目指すということである。そして、集団的責任とは、自分が暮らす地域や所属する場所に対して、人々が互いに責任をもつということであり、そこが一人ひとりを大切にする地域や場所であるように人々が互いに協力しなければならないことを意味する。個人の権利は最大限に尊重されつつも、それが他者の権利を侵害することのないよう、集団の一員としての責任が、それを構成する個人にはあるということである。そして、このような社会のあり方をソーシャルワークが促進することによって、個人の権利が日常生活レベルで実現されるということである。

さらに、このグローバル定義では、ソーシャルワークは「学問」であるとされている。人間と社会との両方に広く関係するソーシャルワークの研究では、様々な社会科学、人間科学の知が活用される。加えて、それぞれの国や地域の伝統的な文化や、民族に共有されている様々な固有の知が、ソーシャルワークの理論を豊かにかつ手厚くするのである。そして、「人々やさまざまな構造に働きかける」とあるように、ソーシャルワークは、人々とその生活状況に影響を及ぼす社会的、経済的な状況や、さらには政治的な状況も含めた社会構造にまで視野を広げてはたらきかける。このことは、ソーシャルワークが、人々とその生活を取り巻く環境への一体的なかかわりをとおして、人々の「ウェルビーイング」、すなわち安定した生活の維持や回復を支援する営みであることを意味している。

02 | グローバル定義の日本における展開

グローバル定義には、「地域・民族固有の知を基盤として」という記述があり、さらに「この定義は、各国および世界の各地域で展開してもよい」という文もある。このことは、その国や地域で暮らす人々の生活の現実や社会のあり方にかかわる営みとしての、まさにその時代にその場所で生きる人々の生活とともにあるソーシャルワークのあり方を主張したものである。これを受けて、2016（平成28）年には、この定義の日本における展開が以下のように示された（注2）。

ソーシャルワーク専門職のグローバル定義の日本における展開

日本におけるソーシャルワークは、独自の文化や制度に欧米から学んだソーシャルワークを融合させて発展している。現在の日本の社会は、高度な科学技術を有し、めざましい経済発展を遂げた一方で、世界に先駆けて少子高齢社会を経験し、個人・家族から政治・経済にいたる多様な課題に向き合っている。また日本に暮らす人々は、伝統的に自然環境との調和を志向してきたが、多発する自然災害や環境破壊へのさらなる対応が求められている。これらに鑑み、日本におけるソーシャルワークは以下の取り組みを重要視する。
・ソーシャルワークは、人々と環境とその相互作用する接点に働きかけ、日本に住むすべての人々の健康で文化的な最低限度の生活を営む権利を実現し、ウェルビーイングを増進する。
・ソーシャルワークは、差別や抑圧の歴史を認識し、多様な文化を尊重した実践を展開しながら、平和を希求する。
・ソーシャルワークは、人権を尊重し、年齢、性、障がいの有無、宗教、国籍等にかかわらず、生活課題を有する人々がつながりを実感できる社会への変革と社会的包摂の実現に向けて関連する人々や組織と協働する。
・ソーシャルワークは、すべての人々が自己決定に基づく生活を送れるよう権利を擁護し、予防的な対応を含め、必要な支援が切れ目なく利用できるシステムを構築する。

ソーシャルワークには、人間の生活への支援と社会変革を促していく活動及び方法として、時代や国を超えた普遍的な側面がある。一方でソーシャルワークが人々の生活にかかわるものである以上、具体的な実践やその方法のあり方には、その時代のその国の社会状況や文化的背景、また人々の生活様式や生活習慣に応じた独自で固有の側面もある。日本におけるソーシャルワークの発展には、その両者を見極めていく作業が必要である。

（注1）国際ソーシャルワーカー連盟（IFSW）総会及び国際ソーシャルワーク学校連盟（IASSW）「ソーシャルワーク専門職のグローバル定義」（社会福祉専門職団体協議会・日本社会福祉教育学校連盟（日本ソーシャルワーク教育学校連盟）による日本語訳及び日本語定義、2015年2月13日）

（注2）日本ソーシャルワーカー連盟構成4団体（日本ソーシャルワーカー協会、日本医療社会福祉協会（現 日本医療ソーシャルワーカー協会）、日本精神保健福祉士協会、日本社会福祉士会）及び日本社会福祉教育学校連盟（日本ソーシャルワーク教育学校連盟）「ソーシャルワーク専門職のグローバル定義の日本における展開」（2017年3月から6月における各団体の総会において採択）

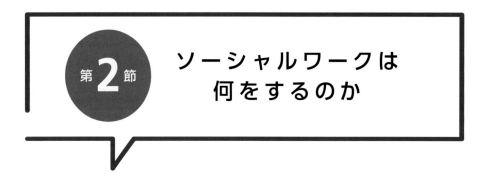

01 | 人間の「生（ライフ）」を支えるソーシャルワーク

「ライフ（life）」という英語がある。日本語では「生活」や「生命（いのち）」そして「人生」と訳されるが、人間の「生」のあり方を表す重要な意味をもつ言葉であると考えられる。なぜなら、人の「生命（いのち）」、日々の「暮らし」や「生活」、そしてその積み重ねとしての「人生」が一体的なものであることを表しているからである。すなわち、人間の「生」の営みが、他者や場所との関係のなかで成り立つ、すなわち「関係的・社会的な営み」であることを示している。その意味で、人間の「生（ライフ）」の豊かさとは、まさに他者や場所、すなわち地域の様々な人々や場所との社会的な関係の豊かさのなかに成り立つといえる。

ソーシャルワークの役割やあり方を考えるにあたり、この「ライフ」の概念がもつ意味は重要である。ソーシャルワークは、尊厳ある「生」としての一人ひとりの「ライフ」の豊かさを、地域で支える活動を担う。それと同時に、地域住民同士のかかわりや関係が豊かに交錯し、地域で暮らす人々の「ライフ」とその尊厳が、相互に支えられ、守られる地域づくりのための活動にも取り組むのである。

02 | 地域における自立生活を支援するということ

ソーシャルワークの実践は、地域における「自立生活支援」ともいわれる。それは誰もが自らの生活の主体として、その尊厳を守られ、かつ権利を尊重されて生きることの支援を意味する。ここでいう「自立」とは、誰の助けも借りずに自分だけの力で生きるということでは決してない。何かに困ったときや問題を抱えたときには、いつでも相談できる、助けを求められる人や場所とのつながりや関係があるということを意味する。多くの人や場所とのつながりや関係があってこそ成り立つ自立生活、言い換えれば、他者との支え合いのなかで自分らしく生きることを支援する営みがソーシャルワークである。

そしてソーシャルワークは、人々が同じ地域で暮らす住民として互いにつながり合い、ともに支え合う地域づくりの実践でもある。例えば、特定の人が排除され、孤立を強いられるような生きづらい地域ではなく、自分たちの地域をともによくしたいとの願いが住民間で共有された地域社会のあり方をめざすのである。それは、様々な生活課題が誰にでも起こり得る現代社会のなかで、誰もが安心して暮らしていけるコミュニティの構築である。

これからのソーシャルワークは、そのような地域社会の実現に向けての変化を生み出すものでなければならない。地域における様々なかかわりやつながりのなかで成り立つ自立観を基礎として、人々の生活全体を視野に入れた支援を、総合的かつ包括的、そして重層的に展開することが、今日の地域で求められるソーシャルワークのあり方である。

03 | 地域共生社会の実現に資するソーシャルワークの機能

　人々の「生（ライフ）」の豊かさ、そして地域における自立生活を支援するソーシャルワークには、様々な機能がある。これからの地域共生社会の実現に資する「包括的な相談支援体制の構築」や「住民が主体的に地域課題を把握して解決を試みる体制づくり」を推進するにあたっては、以下にあるような機能の発揮が求められる。もちろんこのすべてを、どこかの機関に所属するソーシャルワーカーが一人で担うことはとうていできない。求められるのは、地域で働く多職種や関係者、さらに地域住民等と連携・協働し、チームでの支援に取り組むソーシャルワークのあり方の創出とその実践の展開である。

「今後ますます求められるソーシャルワークの機能（24 機能）」

(厚生労働省社会保障審議会福祉部会・福祉人材確保専門委員会「ソーシャルワーク専門職である社会福祉士に求められる役割等について」（平成 30 年 3 月 27 日）より抜粋)

1）複合化・複雑化した課題を受け止める多機関の協働による包括的な相談支援体制を構築するために求められるソーシャルワークの機能

①地域において支援が必要な個人や世帯及び表出されていないニーズの発見

②地域全体で解決が求められている課題の発見

③相談者が抱える課題を包括的に理解するための社会的・心理的・身体的・経済的・文化的側面のアセスメント

④相談者個人、世帯並びに個人と世帯を取り巻く集団や地域のアセスメント

⑤アセスメントを踏まえた課題解決やニーズの充足及び適切な社会資源への仲介・調整

⑥相談者個人への支援を中心とした分野横断的な支援体制及び地域づくり

⑦必要なサービスや社会資源が存在しない又は機能しない場合における新たな社会資源の開発や施策の改善の提案

⑧地域特性、社会資源、地域住民の意識等を把握するための地域アセスメント及び評価

⑨地域全体の課題を解決するための業種横断的な社会資源との関係形成及び地域づくり

⑩包括的な相談支援体制に求められる価値、知識、技術に関する情報や認識の共有化

⑪包括的な相談支援体制を構成するメンバーの組織化及びそれぞれの機能や役割の整理・調整

⑫相談者の権利を擁護し、意思を尊重する支援や方法等の整備

⑬包括的な相談支援体制を担う人材の育成に向けた意識の醸成

2）地域住民等が主体的に地域課題を把握し、解決を試みる体制を構築するために求められるソーシャルワークの機能

①潜在的なニーズを抱える人の把握、発見

②ソーシャルワーカー自身が地域社会の一員であるということの意識化と実践化

③地域特性、社会資源、地域住民の意識等の把握

④個人、世帯、地域の福祉課題に対する関心や問題意識の醸成、理解の促進、福祉課題の普遍化

⑤地域住民が支え手と受け手に分かれることなく役割を担うという意識の醸成と機会の創出

⑤地域住民のエンパワメント（住民が自身の強みや力に気付き、発揮することへの支援）

⑦住民主体の地域課題解決体制の立ち上げ支援並びに立ち上げ後の運営等の助言・支援

⑧住民主体の地域課題解決体制を構成するメンバーとなる住民や団体等の間の連絡・調整

⑨地域住民や地域の公私の社会資源との関係形成

⑩見守りの仕組みや新たな社会資源をつくるための提案

⑪「包括的な相談支援体制」と「住民主体の地域課題解決体制」との関係性や役割等に関する理解の促進

01 ｜ 「価値・倫理の行動化・具現化」としてのソーシャルワーク

　ソーシャルワークは、その価値と倫理に基づく実践と方法でなければならない。ソーシャルワーカーが多くの知識や高度な技術を備えていることは、確かに専門職として大切なことである。しかしその知識や技術は、価値や倫理に根差して行使されなければならない。「なぜそれを行うのか」「その知識をいかに活用するのか」「何のためにそのような方法を使うのか」という目的や方向性を失った知識や方法・技術の行使は、支援を必要とする当事者や家族に不利益をもたらすこととなる。価値と倫理は、ソーシャルワークがソーシャルワークである限り、絶対に欠いてはならないものであるといっても過言ではない。

　「価値」とは基盤や原理となる思想や理念のこと、「倫理」とはその思想や理念の実現のためにどのように行動するかを表したものである。ソーシャルワークについて具体的にいえば、価値とは「個人の尊厳」や「基本的人権の尊重」「ノーマライゼーション」などの思想や理念のことであり、倫理とはその個人の尊厳や基本的人権を守るため、そしてノーマライゼーションの具現化のために「こうするべき」「こうあるべき」という行動の規準のことである。ソーシャルワークの実践とは、このような価値や倫理を、様々な支援場面や支援過程のなかで、「行動化」「具現化」することであるといえる。

02 ｜ 実践を支える原理や活動の指針となる「価値」

　価値とは、ソーシャルワーカーが常にもっていなければならない「原理」としての思想や理念を表すものであり、かつ支援の方向を示す「指針」となるものである。このようなソーシャルワークの価値について、その基盤や前提となる考え方を、ブトゥリム（Butrym,Z.T.）は「人間尊重」「人間の社会性」「人間の変化の可能性」という言葉で表した（注）。

　「人間尊重」とは、人間はそこに生きて存在するという事実そのものによって尊重されるということである。ここでは何かができるとかできないとかの能力は問われない。そこに生きて存在しているということ自体が「無条件に」肯定されるということである。次に「人間の社会性」とは、人間は人間である以上、社会とのつながりのなかで生きる社会的な存在であることを大切にするということである。ソーシャルワークは、誰もが「社会の一員」「地域の一員」として生きることを支える営みである。いわば、生物学的な「ヒト」ではなく社会的存在としての「人」であり続けるために、ソーシャルワーカーがかかわり、またその人を取り巻く環境にはたらきかける営みである。さらに「人間の変化の可能性」とは、人間は他者との多様なかかわりのなかで変化し成長し続ける存在であるという、人間の可能性に対する信念を表す言葉である。いかなる生活課題を抱え、また困難状況にある人であっても、ソーシャルワー

カーが寄り添い、かかわり続ける意味がここにある。医師や看護師、教師などの、人とかかわる専門職と同様に、ソーシャルワークの仕事もその専門的な知識や方法・技術を駆使する営みである。その営みがこのような価値に根差した活動であるからこそ、人々からの社会的な信頼が得られ、専門職としての役割を果たすことができるのである。

03 ｜ 専門職としての行動の規準や規範となる「倫理」

　価値に根差した実践を担うソーシャルワーカーにとって、その具体的な行動の「規準」や「規範」となるものが倫理である。そして、このような専門職としての規準や規範を明文化したものが「倫理綱領」と呼ばれるものである。倫理綱領とは、ある専門職の行動や実践が、その社会的役割や価値にそった適切なものであるために、専門職としての行動規範や義務、遵守しなければいけないことなどを具体的に定めたものである。ある専門職が社会的な信頼を得て活動を行うためには、その専門職において共有される倫理綱領をもつことと、それを広く社会に向けて発信することが不可欠である。

　日本ソーシャルワーカー連盟（JFSW）が、2020（令和 2）年に改訂した「ソーシャルワーカーの倫理綱領」は、「前文」「原理」および「倫理基準」から構成されている。「前文」では、ソーシャルワーカーとしての使命の言明とともに、「ソーシャルワーク専門職のグローバル定義」（2014 年 7 月）を実践のよりどころとするとしている。「原理」としては、ソーシャルワークの基盤となる「人間の尊厳」「人権」「社会正義」「集団的責任」「多様性の尊重」「全人的存在」の六つがあげられている。そして「倫理基準」については、「Ⅰ クライエントに対する倫理責任」「Ⅱ 組織・職場に対する倫理責任」「Ⅲ 社会に対する倫理責任」「Ⅳ 専門職としての倫理責任」の四つに分けられ、それぞれについて具体的な倫理基準が示されている。ソーシャルワーカーは、常にこの倫理綱領に照らしながら、自らの行動を振り返るとともに、日々の実践における様々な場面での判断や行為を行い、支援活動を遂行しなければならない。

04 ｜ なぜソーシャルワークに「価値」や「倫理」が必要なのか

　ソーシャルワークにこのような価値や倫理が必要とされるのは、何よりソーシャルワークが、当事者や家族、地域住民とともに、互いに協力しながら成される営みであり、ソーシャルワーカーによる「単独」で「一方的」なかかわりやはたらきかけを意味しないという理由からである。さらに、ソーシャルワークは、人々の「生活」や「人生」、そして「生き方」を支援する営みであるというのも重要な理由である。

　当然のことであるが、ソーシャルワーカーは、その人の生活や人生を代わりに生きることはできない。その人の生活や人生はその人のものであり、専門職としてやるべきことは、その人の主体性が認められ、その人らしい生活を可能にするためのかかわりや支援である。これは地域を対象とする実践においても同様である。地域住民の主体性や、その地域のよさや魅力が認められ発揮される、支援の展開が求められるのである。

　そもそも、人の人生や生活を支援すること、そして人々が暮らす地域や社会にはたらきかける営みは、たやすいものであるはずはない。だからこそ、ソーシャルワークはその価値と倫理に根差して、よりよい支援やはたらきかけを求め続ける過程でなければならない。人々の思いや願い、地域での当たり前の暮らしを大切にした実践でなければならない。そこに「価値」があるか、そこに「倫理」があるかを常に問い続けることが、ソーシャルワークに求められるのである。

（注）Butrym, Z.T.(1976) *The nature of Social Work*, The Macmillan Press.（＝1986, 川田誉音訳『ソーシャルワークとは何か－その本質と機能』川島書店、59-66 頁）

第**1**節 ニーズの発見とアセスメント

01 人々の生活課題への認識とソーシャルワーク

　ソーシャルワークは歴史的に、人々の社会生活上に起こる様々な生活課題や困難状況に対応しながら、安定した日常生活の維持や再建に向けた支援を行ってきた。少子高齢化、それに伴う人口減少や家族形態の多様化が進行する日本では、社会福祉を取り巻く状況も大きく変化している。不安定な就労条件や非正規雇用の増大等による低所得や貧困問題の広がり、地域における人々のつながりの希薄化や共同体機能の脆弱化、さらには大規模な自然災害の発生など、人々のいのちや暮らしを揺るがす様々な社会問題が各地で生じている。

　そのような問題のなかで、人々や家族、世帯が抱える生活課題は多様化・複雑化し、一つの家族や世帯で同時に複数の課題を抱える複合化の問題もある。貧困や障害、地域における孤立、介護や子育てなどの家族のケア、就労や就学、住まいなどをめぐる複数の困難が、個人や家族あるいは世帯ごとに、同時期に複雑に絡み合っている状況である。また、既存の福祉制度やサービスのなかだけでは対応できない、いわゆる「制度の狭間」の問題といわれる困難状況を抱える人々もいる。さらには、生活困難状況のなかにあっても、自ら支援を求めることなく、また専門職や地域住民等からの支援を拒む人もいる。

　このような状況にある人々や家族・世帯に対しては、制度の枠組みにとらわれず、様々なサービスや関係職種や関係機関による支援を柔軟に組み合わせ、連携・協働して、総合的かつ包括的に、そして継続的に対応していくことが求められる。また、本人や家族からのサービス利用の申請や、支援機関への相談や来所を待つのではなく、支援者・支援機関の側から積極的に出向いて必要な支援につなげていく実践（アウトリーチ）が求められる。今日のソーシャルワークにおけるニーズの発見とアセスメントの重要性がここにある。

02 ソーシャルワークにおけるニーズの発見

　ソーシャルワークにおける「ニーズ」とは、安定した生活を送るために必要とされる基本的な要件が充足されていない、すなわち何らかの支援が必要な状態を意味する。具体的には、衣食住をはじめ、収入や家計の状況、教育や就業の機会、親子関係や家族関係の状況など、身体的、心理的なものから経済的、社会的、文化的なものにまで至る。今日では、性的指向や性自認の多様化、また日本で暮らす外国人も増加しており、夫婦や家族のあり方も多様化している。そのような状況のなかで、社会的な排除の構造や周囲からの差別や偏見による悩みや苦しみを抱え、安定した主体的な生活が脅かされる人々がいる。ソーシャルワークは、人々の尊厳が侵される状況に徹底して抗い、そこで暮らす誰もが尊厳を守られ、かつ多様性が尊重される地域や社会づくりに向けて機能しなければならない。そのためにも、様々

な人々の多様なニーズを発見することは、ソーシャルワークの重要な役割である。

　ソーシャルワークは、個人や家族のニーズを発見するところから、実践の過程が始まる。何らかの生活課題を抱える当事者や家族が、自ら支援機関などに連絡して相談に訪れることもあるが、一方で、困難状況のなかにあっても支援を求めない場合もある。その理由は、そもそも支援やサービスに関する情報が届いていないことや、本人や家族が支援やサービス利用の必要性を認識していないこともあるし、なかには専門職や地域住民等からの支援を拒む人もいる。そして、このような地域における社会的孤立状態が、生活上の様々なリスクの発生や深刻化をもたらすことにもなる。それゆえに、ソーシャルワーカーや支援機関の側から積極的に出向くこと（アウトリーチ）によって、そのような状況にある人々とそのニーズを発見することが必要である。

　また、当事者や家族が支援者を前にして訴えることが、そのままニーズとはならない場合もある。ソーシャルワーカーには、その訴えの内容の背景にあるニーズを把握することが求められる。ソーシャルワークのニーズ発見において重要なのは、ニーズは初めからそこに見えているものではないということである。「なぜ支援を求めないのか」「なぜそのことを訴えるのか」「その背景にある事情は何か」を探るまなざしをもちつつ、ソーシャルワーカーがかかわることによってこそ、その個人や家族のニーズがそのかかわりや関係のなかからあきらかになるという理解が重要である。

03 ｜ ソーシャルワークのアセスメント

　そして、ニーズの把握のために重要なのがアセスメントである。ソーシャルワークのアセスメントとは、個人や家族、あるいは地域全体が抱える困難状況や生活課題、地域課題の把握、また支援やはたらきかけの方向性を見出すための作業である。このアセスメントに、支援の対象をいかに把握するかというソーシャルワークの専門性があるといっても過言ではない。また、アセスメントは、支援の対象となる人や家族、あるいは地域がもつ「ストレングス」（良さ、長所、強み、魅力、資源、可能性など）を発見する作業でもある。ストレングスに着目することにより、本人が自らの強みを認識し、課題解決に向けて力を発揮していけるように、支援することが重要である。

　ソーシャルワークのアセスメントにおいては、何より「状況のなかにいる人（person-in-situation）」という人間観が重要である。あくまでも地域（コミュニティ）で暮らす存在として、その社会関係のなかで、「社会的・関係的」に生じた状況とその状況のなかにいる人（「生活者」としての個人や家族）への視点である。このことは、当事者が経験する生活困難状況が、私たちが暮らす地域や社会がもつ課題を、いわば「代弁」しているととらえることにもつながる。すなわち、個人的なことは「地域的・社会的」なことであり、個人や家族の生活課題は地域の生活課題であるという認識である。

　ソーシャルワークのアセスメントで重視されるのは、人々が抱える生活課題や困難状況は、地域や社会の環境や構造的な要因を背景にもつという認識である。人々に生きづらさや生活のしづらさをもたらす周囲の環境や地域のあり方の変化、そして社会状況の改善なしには、様々な生活問題の本質的な解決には至らないという認識が、ソーシャルワークには欠かせない。それゆえに、ソーシャルワークにはミクロからメゾ、マクロレベルでの展開が求められるが、それはアセスメントの段階においても同様である。そしてこのようなアセスメントを可能にする理論的な基盤として、システム理論や生態学の考え方があげられる。それらは、様々なことが相互に関係して影響し合っている状況の把握と、支援やはたらきかけの方向性、そしてソーシャルワーカーや支援機関による介入のポイントを探ることを可能にするのである。

地域住民や
関係機関との連携

01 | 地域全体で共有するべき課題と連携の必要性

　地域には、同じような生活課題を抱える人々が暮らしている。例えば、幼い子どもがいる家庭や、介護が必要な高齢者とともに暮らす家庭では、育児のことや介護のことが共通の生活課題となる。最近では、「8050」といわれる80代の親と働いていない50代の独身の子どもの世帯の問題、また中高年のひきこもりという状態も、特定の家庭だけに起こるようなことではなく、どの家庭にも起こり得るという認識が広がっている。もちろん、人々が抱える生活課題は、個人によってまた家族によってそれぞれに違いがあり、独自性や個別性があるがゆえに、一律に扱うことはできない。そのことをふまえた上で、その地域で暮らす人々に共通する課題を発見し共有することは、地域住民や関係者間の連携やネットワークづくりを促し、互いに支え合う地域の場づくりにもつながる。

　今日では、例えば認知症高齢者が街を徘徊することに対して、その家族だけの責任とするのではなく、地域全体で見守ることで高齢者本人と介護する家族との両方を支えるという取り組みが、多くの地域で行われている。また、子どもの貧困に対する認識が浸透するなかで、子ども食堂や学習支援教室など、地域全体で子どもの育ちを支えるという活動も広がっている。地域全体に共通する課題の発見とそれらの課題を地域住民が共有していくことは、地域における多様な社会資源の把握とネットワークの構築を促し、その地域全体の福祉力の向上にもつながる、ソーシャルワークの重要な機能である。

02 | 地域住民との連携やネットワークの構築

　これからのソーシャルワークに求められる大切な機能の一つに、その地域の住民と連携して、地域住民が主体となって地域課題の解決や地域づくりに取り組んでいけるようなかかわりやはたらきかけの実践があげられる。そのためには、地域で働くソーシャルワーカーや様々な関係機関が、地域住民に受け入れられ、信頼されなければならない。地域住民との関係づくりや地域住民の信頼を得て活動できる環境整備も、ソーシャルワークに求められる大切な機能である。

　地域には、伝統的な自治会や町内会をはじめ、民生委員・児童委員の組織、福祉委員やボランティアの組織、婦人会や青年会など、様々な組織や団体が存在する。地域課題の解決には、地域に根差して活動を続けているこれらの組織や団体の力を欠かすことはできない。地域における社会福祉施設や機関及びそこで働くソーシャルワーカーには、これらの組織や団体との信頼関係に基づく連携の推進やネットワーク構築のための取り組みが求められる。さらに、このような地域課題の解決体制があるということは、生活課題の発生や深刻化を予防する機能もあわせもち、見守り活動の推進や問題の早期発見、早期対応を可能にするという意味でも重要である。

地域福祉の推進について規定された社会福祉法第4条第2項には、地域住民等が「あらゆる分野の活動に参加する機会が確保される上での」課題を把握し、解決を図ることとされている。誰もが排除しない、されない地域づくり、誰もが孤立しない、させない地域づくりのためには、個人や世帯が抱える生活課題を他人事ではなく、自分にも起こり得ること、そして自分が暮らす地域の課題であるという認識や理解が、地域住民間で共有されることが必要である。そして、誰もが地域とのつながりのなかで、地域の一員としての役割を担いつつ、地域の様々な活動に参加して暮らしていける機会や場づくりが求められる。地域住民が自分たちの地域の福祉課題に関心をもつことで、自らも安心して暮らし続けられる地域づくりにつながるという理解と、住民が主体となって地域を支えていく活動とを促進していくはたらきが必要である。そしてこのことは、人々の生活の場であり暮らしの基盤である地域を支えるソーシャルワークの重要な機能なのである。

03 | 地域における多様な関係機関の連携とチームワーク

今日、人々が直面する生活課題や困難状況は、非常に多様かつ複雑であるがゆえに、一つの制度や分野、制度のなかだけで解決できるものではない。個人や家族、あるいは世帯単位で、複数の分野や制度にまたがる課題を同時並行的に抱える状況への対応が求められている。日本の社会福祉は、伝統的に社会福祉6法を中心とする、分野ごとの専門的な制度設計やその制度のもとでの支援活動の積み重ねのなかで発展してきた。しかし、人とその生活のなかの一側面を取り上げ、対象を限定しながら専門分化されてきた制度やそれに基づくサービスでは、人が営む生活の全体（その人の心身の状態から、家族関係、学校や職場そして地域との関係などの社会関係の状態、住まいや経済的な状況などを含む）を視野に入れたものとはならない。人々の生活全体を総合的に把握しながら、分野や制度を横断あるいは越境しての対応と支援が求められている。

地域に存在する福祉、保健、医療、教育等各種の機関やそこで提供されるサービス、そしてそれぞれの分野で働く専門職が、相互の分野・制度の間を横断的、越境的に連携し、支援のためのネットワークを構築することが、人々が安心して住み続けられる地域づくりにつながる。しかし一方で、多職種や多機関の連携やチームワークによる支援の際には、それぞれの専門職がもつ価値観や、対象への理解やアプローチの方法などの違いから、相互に葛藤が生じることもある。その際に大切なことは、何のための連携なのかということの確認と、対象となる個人や家族あるいは地域を支えるという目標や支援の方向性の共有、そして互いの専門性を認め合うことである。

当然のことながら専門職にはそれぞれの専門性がある。多職種や多機関との連携や協働の場面では、自らの専門分野が大切にしている価値観や専門職としての知識や技術が問われ、時には批判される経験ともなる。しかし、それは言い換えれば、自らの専門分野に閉じこもってしまい視野が狭くなること、すなわち「タコツボ化」に陥ることを防ぐ大切な機会となる。そして、様々な職種のメンバーが組織化され、連携し、それぞれの専門性を互いに提供し、認め合うことにより、専門性の違いによる多彩な視点やアプローチが生まれる。その認識から、相互の役割分担が生まれ、連携やチームワークによる支援と地域における総合的かつ包括的、そして重層的な支援体制の構築が可能になるという理解が大切なのである。

01 ソーシャルワークにおける社会資源の活用

　ソーシャルワークの実践では、支援が必要な人々やニーズの発見、そしてアセスメントの結果に基づく支援計画にそって、個人や世帯への支援を展開していくことになる。そしてその際には、生活課題や困難状況を抱える本人や家族を、そのニーズに応じて、適切な制度や支援、サービスその他の社会資源につなぐという機能が重要になる。ここでいう社会資源とは、人々が社会生活を営むなかで活用される様々な情報や制度、サービス、また公的なものや民間による様々な機関や施設、そこで働く様々な職種の専門職や地域で活動するボランティア、さらには自治会や学校、公民館あるいはショッピングセンターなどの、地域の様々な組織や建物、場所などの総称である。

　多様化・複雑化・複合化、そして長期化する今日の生活課題や困難状況に対しては、多様な分野の社会資源を活用した支援が求められている。福祉分野だけでなく、医療、教育、就労、住まいなどの様々な関連分野の制度やサービスの活用、関連する機関や事業所及びそこで働く専門職との連携や、さらには地域住民やボランティアなどとの協働が求められる。このような、地域にある様々な社会資源をいかに見出すか、そして、それぞれの社会資源の特徴を把握し、いかにそれらを生かしながら人々への支援を展開するかが、ソーシャルワークの過程そのものであるといっても過言ではない。

　地域の社会資源とは、公的な制度やサービス、専門職などのフォーマルなものと、地域住民やボランティア、家族や親族等のインフォーマルなものとに大きく分けられる。地域には具体的にどのような社会資源が存在するのかを把握し、人々や家族の状況に応じて必要な社会資源を有効に結びつけていくこと、すなわち適切な社会資源の仲介や調整と、支援の仕組みづくりの機能が、今日のソーシャルワークに必要とされている。

02 社会資源の開発と地域福祉の推進

　様々な人々とその生活にかかわるソーシャルワークの実践のなかでは、人々の生活課題の状況によって、既存の制度やサービス等の社会資源では解決できない、あるいは利用できる社会資源自体が存在しないというようなことも起こり得る。「制度の狭間」という言葉でも表現されるように、昨今の生活課題の多様化・複雑化・複合化する状況であればなおさらである。その際には、必要な社会資源を新たに開発するという機能が、ソーシャルワークに求められる。

　社会資源の開発とは、何かの新しい制度やサービス、支援プログラムをつくるとか、そのための資金を獲得するとか、新しい組織や団体を立ち上げることなども含まれるが、ソーシャルワークの文脈では、もっと広い意味で使われる。それは、社会資源を新しくつくるだけでなく、今地域にあるものを、人々

の生活を守り、支える社会資源として生かしていくという意味である。今地域にあるもの、今地域にいる人々が、ソーシャルワーカーのはたらきかけでつながり合うことによって、地域を支える大切な社会資源となり得るのである。

　例えば縦割りの制度のもとで活動していた職種が相互に連携する、地域にある高齢者福祉施設のホールや会議室を開放して地域の子どもたちのためのイベント等に使う、ソーシャルワーカーが所属する機関や施設と地域住民あるいは地域住民同士がつながる、ひとり暮らし高齢者を近隣住民が見守っていく、商店街の人々がサロンや福祉活動に協力していくなど、そのかたちは実に様々である。

　地域の人々の日常生活を支えているものには、社会福祉施設や機関、市役所や区役所、また警察署などもあげられるが、それだけではない。郵便局や銀行、水道や電力事業者、工務店など地域で営業している様々な業種の店舗、また商店街やスーパーマーケット、コンビニエンスストアなども、地域住民の大切な社会資源である。そのような場所とソーシャルワークを行う施設や事業所がつながること、すなわちそのような場所で働く人々とソーシャルワーカーとがつながることが、地域の多様な人や場所、組織や施設などが新たに資源化されること、そのことが社会資源の開発となり、ネットワークの形成に至るという理解が大切である。まさに、地域における多様な社会資源のつながりによる支え合いのネットワークの形成であり、多様な形の連携・協働による総合的・包括的、そして重層的な支援体制の築きである。

　そして、社会資源開発の機能において、忘れてはならないのは地域住民との協働である。地域の主体である住民とソーシャルワーカー及び支援機関との信頼関係に基づく連携や協働による取り組みそのものが、地域における様々な社会資源の開発、地域の福祉力の向上、そして地域福祉の推進と地域共生社会の実現につながる。下記**図4**は、このような個人や世帯が抱える生活課題の発見から、地域への様々なはたらきかけ、そして社会資源の開発やソーシャルアクションへと至る、ミクロからメゾ、マクロレベルで機能するソーシャルワークの全体像を表したものである。

図4　地域包括支援とソーシャルワークの機能（力学）

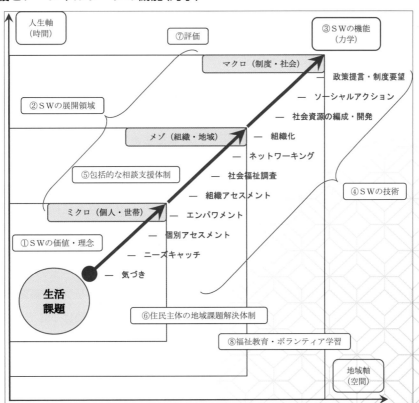

（出典）長野県社会福祉協議会「地域を基盤としたソーシャルワーク機能強化に向けた総合相談体制整備事業報告書」（2019年）をもとに一部改変

03 | 権利擁護の実践としての社会資源の開発

　ソーシャルワーカーは、多くの当事者やその家族とのかかわりをとおして、地域における新たなサービスや制度・施策の改善の必要性を把握することになる。ソーシャルワークに求められるのは、そのような当事者や家族の立場に立って、当事者や家族の視点で、必要な社会資源の開発へとつなげるはたらきかけである。その意味で、社会資源の開発のための活動は、ソーシャルアクションであり、地域における権利擁護の実践ともなる。

　今日、核家族化や都市化の進行などによって地域住民間のつながりが希薄化し、例えばひとり暮らしの高齢者が社会的な孤立状態に陥る傾向にある。また、高齢者の孤独死・孤立死や、在宅での高齢者虐待などの介護をめぐる問題、ひとり親による孤立した子育てなど、様々な困難状況の背景には地域で社会的に孤立した状態がある。このような社会的孤立状態を生まないためには、何より地域住民同士のつながりや、同じような悩みや課題を抱えている人々の相互の支え合いが求められる。同じ地域で暮らす人々がつながり、支え合う仕組みづくりが求められている。このことはすなわち、地域に存在する多様な社会資源が有機的につながることによる、地域のサポートネットワークの形成である。

　このようなネットワークが形成されることで、地域で人々を見守り、支える仕組みとして機能することになる。また、生活課題を抱える人々の早期発見や困難状況の悪化を防ぐ早期支援にもつながる。それは、人々がその地域で生きて暮らすことの、その尊厳と権利を守るという、まさにソーシャルワークがその使命として担うべき実践なのである。

コラム▶ 施設が地域のキーパーソンと出会う

社会福祉法人六心会　理事長　堤　洋三

お風呂に入れない

　「お風呂に入れていない近所の方がいはるんやけど、ホームのお風呂を使わせてもらえへんやろか？」。元民生委員の方から電話があったのは、地域密着型特別養護老人ホームを開設してしばらく後のことだった。ご自宅は少し古いが大きな屋敷、そこでひとり暮らしの方だった。元々は医療職、長年専門職として大学の附属病院で勤務をされ、自立した生活を送ってこられたが、加齢により暮らしのなかでいろんな課題が出てきた。高血圧などの治療は少し前まで自身で通院はされていたが、それも途切れていた。給湯器は壊れたまま、しばらく入浴ができていないようすがわかった。詳しく伺ってみると、その前の冬に自宅浴槽で亡くなった方のお葬式が町内であり、そのときに、本人が「お風呂が怖い」と漏らしていたという。このことをきっかけに今回連絡をしてくれた元民生委員や自治会の役員たちがかかわりはじめたということだった。県外に甥がいるが、関係性は良好でなくかかわりはない。以前から人との交流はあまり好まず、近隣住民との交流も乏しい。畑の野菜を勝手に盗るなどトラブルもあったが、唯一元民生委員への信頼は厚く、本人は何かと頼りにしているようだった。

　この元民生委員は、地域の世話役的な存在だが、決して押しつけるようなかかわりはしない方。地域の気になる方を、その方の個性も把握して距離を保ち見守り、必要性を見極めて今回のように関係者につなげることができる方でもある。この事例については、最初は本人の拒みもあったが、地域密着型特別養護老人ホームの個浴にて、元民生委員の方が浴室に入りケアし、職員はサポートで、入浴の支援を定期的に続けることができた。

出会いから始まる①　市町村社会福祉協議会コミュニティソーシャルワーカー

　地域のなかには、この元民生委員のように、仕事や役職に関係なく地域と機関の接点となる

「キーパーソン」が存在し、我われの地域活動もこの方々との出会いが非常に大きな鍵となる。施設経営の社会福祉法人が展開するソーシャルワークは、地域のキーパーソンとの出会いからはじまるといっても過言ではない。

　私たち施設経営の社会福祉法人に近い地域キーパーソンとしてまずあげられるのが、市町村社会福祉協議会のコミュニティソーシャルワーカー（以下、「CSW」）ではないだろうか。支援を必要とする地域住民への個別支援はもとより、自治会や団体の福祉活動支援など、その活動の幅は広い。私の地元では、市域を14の「日常生活圏域」に分け、その圏域ごとに主担当と副担当のCSWが配置されている。地区担当CSWは地域の特性や活動状況を把握し、丁寧なかかわりやはたらきかけが持ち味だ。私の勤務する法人が地域活動を本格的にはじめた当初、したいことがあると地区担当CSWへ何かと相談をしていた記憶がある。近隣福祉施設での会議や認知症高齢者の保護訓練など日常的に顔を合わせてはいたが、地域課題のアウトリーチ等、会話のなかから学ばせていただいたことがかなりあった。また、医療も含めた専門職と地域住民・自治体担当者が同じテーブルについて地域課題を共有する協議体では、立ち上げと軌道に乗るまでの間、試行を繰り返す時期に共同事務局的存在として尽力いただいた。

　市町村社協と施設経営社会福祉法人は、公益性と地域住民（利用者）を主体に置くという点において基本となる価値は共有しており、さらに深い部分でのパートナー（理解者）として連携を強めるポジションにいる。連携する方法や形は様々あるが、経営層・管理職層が顔の見える関係をまずは築きたい。次いで、地域への思いをともにする担当者同士が定期的に顔を合わせ、日常業務の違いは乗り越えて、将来の地域イメージに関して意見を交わすことが重要だ。できるところからお互いの波長を合わせていくことはとても大切なことだと思う。

　法人間の連携について、社会福祉連携推進法人制度等法整備もされ、今後のソーシャルワークの重要な手段となるが、そこまで至らなくとも市町村社協と施設経営社会福祉法人は日常的にもう少し肩の力を抜いた関係性を築くことのほうが長続きするように感じる。

出会いから始まる②　住民自治組織の皆さん

　つながるべきキーパーソンはまだまだたくさんいる。前述の元民生委員の方もそうだが、地域の住民団体等関係者はキーパーソンの宝庫だ。地区まちづくり協議会、地区社協、生活支援サポーターグループ、ボランティアグループ、健康推進スポーツ愛好グループ等にかかわる皆さん。公的組織である地区自治会連合会、民生委員児童委員協議会役員の皆さんも福祉のまちづくりを長年推進された、地域の大先輩方である。

　住民自治組織の役員や構成メンバーには、福祉領域というよりまちづくりの活動を主にされている方も多いので、共通言語を得るまで多少の戸惑いがあるかもしれない。しかし、これこそ地域の多様性であり、長年地域を見つめてこられた方も多く、会話のなかの言葉にも含蓄がある。子どもたちが減る、近隣のつながりが希薄化するなどの現状に対して、少しでも自分たちで何とかしたいという熱い思いがある。実際に住民自治組織の皆さんが発する言葉や視点に接すると、歴史や文化、経済（商家）、芸術、人々の関係性・暮らしのつむぎなど、地域で長年あたためてこられた財産を知ることができる。また、災害に関しても村の地歴や河川、土地の成り立ちなど、防災のみでくくることができないストーリーが語られる。近年多発する自然災害に対して、地区まちづくり協議会では、「防災」を重点課題として取り組まれており、毎年の地区総合防災訓練では我われ社会福祉法人も福祉避難所として訓練参加を果たしている。

　この住民自治組織の方々を中心に関係者で様々な地域課題を共有するテーブルがある。生活支援

ミーティングのあと和む、地域キーパーソン、法人地域支援担当職員、市社協CSW

体制整備事業「第2層協議体」のことだ。住民自治組織等の方々、自治体、福祉関係者含め27人で構成、地域支え合い推進員は法人の職員が担う。昨年からその事務局事務も担っている。ちょうど第3次地区住民福祉活動計画策定時期と重なり、これからが協議の正念場へすすむタームとなる。いくつかの生活課題に分けて住民ワークショップの開催も企画していくが、担い手の養成や感染症禍でどのようにすれば住民意見を集められるのか等々の議論もはじまる。既計画の評価も悩むところだ。楽しみながらすすめていきたい。

まちの計画と向き合う

第8期介護保険事業計画がこの春から動き出した。各自治体が重点に置く事項については特性に応じ違いはあると思うが、地域共生社会の実現、介護予防・健康づくり等は第7期から継続しての推進強化だろう。社会福祉法人として注視しておきたいのは、計画策定時期に毎回実施される「介護予防・日常生活圏域ニーズ調査」である。この調査は対象を65歳以上要介護認定非該当者、要介護認定者とその介護者等としたもので、地域を考えるときに必要な多くの重要なデータを含んでいる。「外出の頻度」「地域の会・グループ等への参加状況」などの社会参加、基礎疾患、運動機能や認知機能など生活機能低下リスク、ターミナルケアへの考えなど、感覚的なものではなく数値として地域の状況をとらえることができる貴重なデータで構成されている。自治体保健センターの圏域担当保健師とこの地域データについて意見交換する機会があった。感染症の拡大が長期化するなかで住民の健康がどのように推移しているのか等々、コミュニティで活躍する保健師と顔の見える関係を築く重要性を再認識する機会となった。

皆さんは自治体の地域福祉計画をどのように見ておられるだろうか。2019（平成31）年度厚生労働省調査によると、策定予定も含め全市町村の85%が計画をもつ。あまり見たことがないと思われる方がおられるかもしれない。地域福祉計画はまちの福祉羅針盤のようなもので、地域で活動する社会福祉法人の経営にとってとても大切なものだ。地域福祉計画と所属する法人の事業計画と中長期計画、市町村社協の事業計画と地域福祉活動計画、地区社協の地区住民福祉活動計画、前述の介護保険事業計画などぜひ一度総覧してほしい。私たちが実践するソーシャルワークのヒントが詰まっている。欲をいうなら、自治体が策定する計画に関して、所在する社会福祉法人の職員が計画策定委員などを務め、策定プロセスから計画にかかわることができたなら、計画の推進という観点から大きな意義があることのように思う。

むすびに～まずは一人の出会いから

地域のキーパーソンや各種計画に対してのかかわりについて述べてきた。感染症の影響が長期化し、深刻な地域生活課題に対して、専門職として機関ネットワークを強化し、対応することは最大の責務である。一方、住民自治組織など住民の皆さんがつくるネットワークについては、むずかしく考えずにまずは出会いを求めて地域へ足を延ばすことが肝要だ。コミュニティセンターなどは機関ハブの一つだろう。社会福祉法人や介護事業所から来たと言えば最初は怪訝な顔をされるかもしれないが、知り合いが一人できればそこから顔の見える関係はできる。そうすると、キーパーソンとつながり、団体活動をはじめ、様々な形の住民同士の支え合い・助け合い活動、日頃の暮らしの営みから生み出される交流やつながりなどが次々と見えてくるはずだ。

加えて、複数の住民キーパーソンと各専門職が集まり、地域生活課題の共有等を目的とする場の設定も新しいネットワーク形成につながるように思う。社会福祉法人がもつ施設機能、例えば地域交流スペースの活用としてもうってつけだ。事務局は市町村社協とのコラボレーションとして共同事務局とする手法もある。

誰もが住み慣れた地域で自分らしく長く暮らし続けたい思う。その思いに応えるため、社会福祉法人や事業所の職員は、目の前にいる方への支援を軸に自らの専門性を磨いてきた。そして今、その専門性を地域へ本格的に展開する時が訪れている。決まった形はない。地域の財（たから）である方々と早期に出会い、丁寧なはたらきかけとその交わりから生まれるソーシャルワークの学び、自己のキャリアデザインを重ねて、確かな成長を遂げてほしいと願うばかりだ。

第 6 章 ｜ 学びを実践につなげるために

01 ｜ 実践するためのエネルギー（根拠）は理論と政策

　私たち福祉人（ソーシャルワーカー）が実践する根拠は何であろうか？ 実践するためのエネルギーは何であろうか？ それは、理論と政策である。えっ！と驚かれる読者もいるだろう。もちろん生活課題を抱え悩み・苦しんでいる人（自覚していようとなかろうと）のニーズにふれ、これは何とかしなくては、という感情、正義感に突き動かされて行動する多くの福祉人が存在することは事実である。ある意味、健全かもしれない。しかし、実践は単なる活動ではない。実践は理論に裏打ちされた計画的な営みである。「許せないから」「気の毒だから」といった感情はむしろ実践の妨げになる場合が多い。

　第 1 部第 1 章から第 5 章では、最新の日本における社会福祉課題をめぐる政策動向について復習するとともに、地域共生社会づくりについての基本的理論について論じている。私たちが暮らす「地域」とは何か、地域のなかで生じる生活課題とはどのようなものか、そして私たちが生涯をとおしてその生活課題を解決し、乗り越え、安心で豊かな生活をつくっていくとすれば、それはどのような社会で、どのような方法で創造していくのか、についてである。

　これらの政策を理解するために、皆さんが誕生したころはどのような社会福祉政策だったのか、今日に至るまでの変化のなかで、「我が事」として読破していただきたい。

　その上で、人々の「幸せ探しと幸せづくり」を支援・応援する社会福祉領域で働いている福祉人（ソーシャルワーカー）は、どのような価値観や倫理観をもち、具体的にどのような方法で、対象課題を抱える人々や集団や社会にアプローチするのか、学びを深めていただきたい。福祉人として用いる価値と技法の総体としての方法、つまりソーシャルワークの基礎について学ぶことができるであろう。

02 ｜ 福祉人（ソーシャルワーカー）の特色は、ソーシャルワークで生活を守る人

　なぜ、私たちは他者を気遣い、助けたり・助けられたりしながら人生を送っていくのであろうか。家族・地域社会のなかで助け合う力が弱くなっているとしたら、私たち人間は、その原因を探りつつも、助け合う力の回復や強化を願い、そして、課題解決に向けて動き出す。解決の意味合いは異なるかもしれないが、家族員や親族で解決を担っていた時代、近隣社会でおおむね解決していた時代、国家が救済していた時代、見知らぬ他者からの有形無形の支援とヒューマンサービス支援を専門に仕事とする者からの援助を活用して、一人ひとりが自立して解決していく時代へと変化してきた。

　福祉をはじめとするヒューマンサービスを担う専門職（例えば、看護師、教員、弁護士、医師、理学療法士、作業療法士など）は、それぞれの専門職として目的を実現するために独自の方法を駆使して相手を支援する。これらの援助職のなかでも福祉人は、日常生活のなかでソーシャルワークを展開・実施し、諸課題の解決に向けて働く。ソーシャルワークという価値と方法の総体は、問題解決や生活援助の場面において、様々な技法として展開される。24 時間 365 日、日常生活場面でソーシャルワークの技法を用いることが他の専門職との違いである。

　例えば、教育現場でスクールソーシャルワーク（SSW）を展開するとき、教育方法や臨床心理など他の専門職が用いる専門的な方法から学ぶ点は多い（逆もまた真である）。社会福祉は、様々な学問の知見を得て、現象を分析・説明・解釈した上で、実践し解決していく学問である。実践の学ともいわれている。それも、課題（困り事）をいくつも抱えてにっちもさっちもいかない状態にある本人を真ん中において、課題にかかわる家族、住民、関係者の協力と協働で、本人や家族、地域社会の諸課題の回復

力、解決力を高めていこうとするものである。さらに、諸課題の原因が組織や社会の側にあり、皆の幸せづくりのためには、組織や社会を変革しなければならない場合もある。それゆえ、どのような状況のもとでも、あなたの生活状況と大きく隔たり異なる状態に驚かずに、まず事実、実態を直視し把握する力をつけなければならない。その上で他者の悩みや状態への共感、理解ができるかどうか、そして組織団体に受け止める力があるか、解決へ向けての機能を発揮できるかの把握・評価が、その後の解決への道筋をつけるかどうかの分かれ道になる。ソーシャルワークを理解するためには理論を実践で確かめ、自分のものにしていく努力が必要とされる。

　少しむずかしく感じた読者がいるかもしれないが、第2部にすすんでいただければ納得していただけるであろう。

03 ｜ 実践事例から学ぶ〜人さまの人生をお借りすることに感謝して

　第2部では、ソーシャルワーク実践が「事例」として、各事業所の福祉人（ソーシャルワーカー）によって執筆されている。ソーシャルワーク実践は、終結まで10年以上かかるものもあれば数か月、数週間で終了するものもある。人さまの人生をお借りして学ぶのであるから、真摯にそして感謝して、実践力を高めるために活用しなければならない。

　本書の事例はすべて、社会福祉法人・福祉施設、社会福祉協議会等が、地域社会とともに存在していることを証明する実践事例である。事業所の種類や勤務するソーシャルワーカーの立場によって、地域社会との関係のもち方や深さは異なる。本人支援を、地域社会にある他の機関団体のワーカーたちとの協働実践や、住民の協力により課題解決していく事例が紹介されている。つまり、これらの事例を知ると、ソーシャルワークの展開により、課題を抱えている本人に対してのかかわり方や、家族や住民へのかかわり方のきっかけや介入の時期、方法を知ることができるだろう。地域住民の偏見や排除の気持ちを軽減する必要性や、他の専門職へ理解を深めてもらう意義、地域資源の活用によって住民自身が社会福祉法人・福祉施設、社会福祉協議会等への理解を深め、資源の有用性に気づくとか、困難事例を抱え込まない専門職になるためのいくつかのヒントや、専門職として使用している言葉かけや態度・方法が読み取れるであろう。自分がその職場に転勤し、担当ワーカーになったつもりで読んでいただきたい。実践の蓄積を、事例として記載（見える化）し、他のワーカーと共有し、私ならこうするかも、というような対話・議論をとおして、それぞれの交流を深め、新たな知識を獲得し、実践力を高めていくことが真の意味の研修（学び）である。本事例で紹介したように社会福祉施設等のワーカーたちは、多様で複雑なケースに対して地域社会とともに果敢に取り組もうとしている。もし、職人芸や精神論で乗り切ってきた先輩や、「それは私たちの仕事ではない」とあきらめ、断るという対応で済ませている同僚がいたとしたら、本書を読むことをすすめてもらいたい。一緒に福祉人として前進しよう。

04 ｜ 学ぶということを考える

　私たち人間は、生まれてから今日に至るまで、そしてこれからも生涯学び続けていく存在である。もちろん、国によって、学ぶことの権利─義務の定められ方は異なっているだろうし、社会的な意義や目的や内容、学び方なども時代によって異なる。

　しかし、学ぶことが戦争の目的に利用された時期を除けば、学ぶことは、いつの時代も人々の幸せ探しと幸せづくりのために、用意されている。とりわけ、日本における近年の社会福祉制度・政策の発展・変化は第1部で述べられているように、大転換が図られ、当事者とともに住民が主体的に幸せづくりにかかわる、参加する福祉の時代になった。

　では、私たちは何のために学ぶのであろうか？　それは、実践に役立つからである。しかし、大学で

教えた多くの学生たちは、「大学で学んだことは現場では役に立たない」と言う。長く教員をしてきた者として、残念でもあり反省する次第である。専門学校や大学での学びの多くは、自分で考える力をつけ、高める目的をもっている。そして、現場で働く際に必要とされる能力、例えば①文章作成能力、②情報収集・分析能力、③伝達、発信能力、④状況判断能力、⑤行動力、をつけることである。だから、極端なことをいえば教材は何でもよい。筆者は大学3回生のゼミナールで新聞の切り抜きを用い、①何が書かれているか＜事実の確認＞、②書かれている内容についてあなたはどのように思うか、考えるか＜自分の感受性、考え方の確認＞、③そのように考える根拠は何か＜経験知、理論・論文、政策等＞をそれぞれ400字程度でまとめるワークを毎週繰り返した時期がある。皆とても力がついたが、しかし、上記の状況判断能力と行動力は演習だけでは形成されず、やはり実習が必要であった。

　それに比べ、卒後の現場での研修は、仕事に役立つその時々の新たな制度政策の動向や諸課題を解決していく上での知識を得て、根拠に基づきその知識、技法を用いる力をつける、生きた学びが求められる。

　だからこそ、学ぶ時・状況が重要な要素なのである。必要なときに研修を用意しなければならない。その上で、誰と一緒に学ぶのか、同種の職員だけなのか、社会福祉法人・福祉施設等の職員と社会福祉協議会の職員が「地域」「生活」「共生社会」というキーワードで一緒に学ぶのかは、学びの結果、効果にも影響するであろう。さらに実践をとおして、日常生活のなかに題材を求め、事例学習やロールプレイ、討議、対話などをとおして、ベテランの福祉人になろうとする人が、主体的に、講師陣と仲間とでつくっていくのが福祉研修である。仕事をしながら学ぶことは心身ともにつらいことである。今までに学んだことを再度確認し、軌道修正しなければならないこともあるかもしれない。時代の変化のなかで、人権意識の向上や住民の意識の変化など、考慮しなければならないことも多くある。生活者でもある福祉人の強みとして、これから学ぶことを喜ぶことができる好奇心や柔軟性をもっていることを掲げたい。楽しんで学ぼう。

05 ｜ 一つでも二つでも、学びを実践につなげよう

　学んだことが実践ですぐに発揮できるとは限らない。しかし、あなたが支援にかかわった課題を抱えた個人・家族が自身の力を回復し、あるいは自立し、本人の力の発揮により生活を維持、継続していく環境がつくられつつあるとしたら、ぜひ、あなたの行動、かかわりを振り返っていただきたい。入所型の生活施設でも同じことがいえる。福祉人の仕事は、マニュアルどおり自身の能力を発揮する場面は少ない。関係性のなかで発揮する能力（コンピテンシー）は、知識を用いて問題発見や解決へと導かれるが、その際、知識をどの場面で、どのように用い、どのような方法で行動し続け（doing）た結果、本人の力が獲得されて、一定の状態になっている（being）かが問われるものである。つまり知識が生かされているかどうかは、「〜を知っている」状態から、「〜ができる」状態になっているかどうかである。その力の獲得は、実践をとおして、気づき合う、振り返る、あるいは実践、振り返る、気づき合う、そして学び、気づき、振り返り、実践するという循環のなかで身についていくものである。

　私たち人間は、この手間暇かかる取り組みを忘れがちであるので、時々（定期的に）覚醒させる必要があり、それが事例研究や事例学習である。大阪府の方面委員（大正7年、現・民生委員）の方面道場はまさにこの事例検討・学習をめざした委員の鍛錬の場といわれていた。

06 ｜ 組織として実践力を育て、強化しよう。仲間をつくろう

　福祉人の仕事は、個人のはたらきで完結することは少ないということが、事例をとおして理解されるであろう。福祉も個人として対応することもあり得るが、基本はチームであり、さながら団体スポーツ

にも似ている。例えば団体スポーツでは、一人ひとりの技術が高く個人としての能力が優れていても、チーム力がなければ結果に反映されない。また、練習では優れたパフォーマンスでも、いざ本番の試合で弱くては意味がない。福祉現場は毎日がステージ、本番である。事例からも理解できるように、ほとんどのソーシャルワーク実践はチームでの実践であり、多機関、多職種連携による課題解決をめざしている。組織（チーム）として、実践力を育て、強化することが重要である。

　ちなみに、多職種が自身の法人の職員であるとは限らない。社会福祉領域の組織、団体によって設立母体、設立時期が異なり、場合によっては仕事の仕方にそれぞれの文化が宿っていることがある。よいものは伸ばし、幸せ探しと幸せづくりの妨げになるような事柄は、勇気をもって改善していくことが求められる。そのために、自身の仕事ぶりを記録に基づき客観的に自己分析し、職場で、あるいは様々な研修をとおして、省察的、批判的に振り返り（クリティカルシンキング）ができるような環境を整えなければならない。

事例をとおして、社会福祉法人・福祉施設、社協等における地域実践を理解しよう

社会福祉法人・福祉施設等と社協は大きく変化している。変化してきた。

その変化は内発的なものであるが、ちょうど政策的なるもの、財政的なるものと相まって、様々なおもしろい画期的な実践が見られるようになってきた。社会福祉法人・福祉施設等と社協は、それぞれの歴史、地域における立ち位置をふまえて、そして何よりそこで働いている福祉人（ソーシャルワーカー）の心意気によって、先駆的、開拓的に地域の課題に果敢に取り組まれるようになった。かつての「施設の社会化」時代の実践を超えて、地域（福祉）実践としての理念をしっかりもっている。

社会福祉事業はいつの時代も先駆的な事業によって、拓かれ、普遍化がはじまる。本書に掲載されている実践事例は、それらの代表的な事例である。施設のもっている社会資源を住民とともに活用し、認知症の高齢者や医療的ケア児等のケアを地域とともに実践につなげ、住民の福祉教育にもなっている事例、困難事例を施設と社協とで協働実践することにより解決に導いた事例、生活課題を抱えている住民への支援、災害・防災教育を地域住民への理解を求めて福祉人が伴走するという地域への取り組みをとおして施設が変化していく事例などが取り上げられている。これらの事例により、福祉人が専門職としてどのようにかかわったのか成熟のプロセスを学ぶことができよう。（なお、事例は一部加工をしている。）

保育園の園庭開放による
子育て支援の取り組み

01 | 事例の全体像

　保育園の園庭開放に参加した母A子さんと子C ちゃん（1歳児）。A子さんは育休が明けて仕事に復帰することが決まっており、保育園がどんなところか知りたいという希望から、園庭開放に参加した。保育士とのかかわりのなかから、A子さんは子どもと二人きりで過ごす時間が長く、悩みを相談できる相手もおらず、子どもが他の子どもに比べ発達が遅れているのではと不安に感じていたことがわかった。園庭開放への継続的な参加を通じて、保育士と相談したり、悩みや思いを共有できる場ができてきたことで、だんだんと保育園に通わせることのイメージもわき、仕事復帰への自信がついて、保育園へのスムーズな入園につながった。

02 | 実践のきっかけ

　園では、毎月1〜2回のペースで子育て支援事業として園庭開放を実施している。内容は主に園庭やホールでの遊びや、園の行事への参加など。子どもたちが遊んでいる間、保育士が保護者の子育てに関する相談に乗ったり、参加者同士が自由に談話したりする機会を設けている。園庭開放は、入園を希望する親子だけではなく、地域の子育て家庭に広く周知。自治会の協力を得て掲示板へのポスターを掲示、市役所や近隣の飲食店へのチラシ設置、園のホームページでスケジュールと開催レポートの掲載等を行っている。

　ある日の園庭開放に参加した一組の親子、母のA子さんと子のCちゃん。保育士が参加のきっかけを尋ねたところ、A子さんは育児休業中で、仕事復帰を前に保育園のようすを知りたくて参加したとの

こと。

　保育士がA子さんに家庭でのようすを尋ねると、「Cちゃんと二人きりで、ずっと家で過ごしていた」と話した。他の子育て支援等は受けていないようすから、不安や悩みがあっても相談相手がいないかもしれないと保育士は考えた。悩みを直接聞くのではなく、「どんな遊びが好きですか」「夜の寝かしつけはどんなふうにしていますか」など、A子さんがCちゃんとの生活をどのようにとらえているかを知り、A子さんにとってのCちゃん像を保育士と共有することから始めた。

03 | 実践の経過

　A子さんは、Cちゃんの家庭でのようすを保育士に話しはじめた。保育士が親身に聞くことで安心したのか、日ごろの悩みや不安も打ち明けてくれた。A子さんは、出産後、自宅で育児をしており、近くに親類もおらず、夫のB男さん以外に頼ったり悩みを相談できる人もいない。時々Cちゃんを連れて近所の公園で遊ばせているが、公園で遊んでいる他の同年代の子どもたちのようすを見ていると、Cちゃんよりもできることが多いように感じられ、次第にCちゃんの発達に問題があるのではとすら考えるようになった。また、保育園に預ける生活がどうなるかも見当がつかず、生まれてからずっと一緒に過ごしてきたCちゃんと離れて仕事に出ることがつらく不安な毎日を過ごしているそうだ。初回参加後の振り返りミーティングで、A子さんから聞き取った内容を担当保育士間で共有した。

　当初は保育園への入園をふまえた事前体験が参加の目的と聞いていたが、話を聞いていくうちに、家庭での子育てにおける悩みやストレスを解消するこ

とも必要と思われた。そこで、まずA子さんがCちゃんのことを気にすることなくゆっくりできる時間を少しでもつくり、何でも話しやすい雰囲気づくりをするべくかかわっていこうと支援の方針を定めた。

次の園庭開放にも参加したA子さんとCちゃん。この回はサーキット遊びで、ホールにマットや跳び箱などでつくった障害物のコースを回って遊ぶというものであった。親子で一緒に挑戦しながら、保育士が援助の仕方をアドバイスしたり、Cちゃんができたことを一緒に喜んだりして楽しんだ。その後、自由遊びの時間に、再び保育士はA子さんと話をする時間を取った。A子さんは、第三者である保育士がCちゃんのようすを見て、できたことを褒めてくれたことが嬉しかったようで、発達に不安を感じていたのは、できないことばかりに意識が傾いていたからかも知れないという気づきがあったようである。また、遊具を使った遊びの補助の仕方や、家でもできる遊びを知り、家庭でも遊びのバリエーションが増やせそうだと喜んでいた。

園庭開放後には、園内の見学も行い、保育園での生活の仕方や他の子どもたちのようすも見てもらうようにした。不安に感じていた保育園への入園についても、少しイメージがわいてきたようだった。

その後も園庭開放に参加し続け、翌年度4月からCちゃんは当園へ入園することになり、A子さんもスムーズな仕事復帰ができた。Cちゃんの子育てに関する悩みや心配事に対しても、入園後も継続して保育士が相談に応じたりアドバイスを送ることができている。

04 | 実践のポイント

安心して遊べる環境をとおしての保護者の孤立防止

保育園での子育て支援に参加する子どもの年齢層は、3歳未満が多いが、この年代の子育てをする親にとって、子どもの遊ぶ環境を確保することは容易でない場合が多い。特に都市部では、近隣の公園に設置してある遊具の多くが3歳以上の幼児や学童向けのもので、3歳未満の子どもが安心して遊ぶことができる場所は限られている。また、家庭での子育てのなかで、「それほど大きな問題ではないが

「ちょっと心配なこと」を気軽に相談できる相手がいることが、安心につながっていく。保育園における子育て支援のニーズとしては、子育てに関する「相談」というよりはむしろ、子どもが安心して遊べる場があることや、悩みや困り事を保育士や保護者同士で気軽に共有できることのほうが高いようだ。

このことから、子育て支援の取り組みのなかでは、3歳未満児であっても安心して遊べるような配慮をすることや、家庭でも生かすことができるような工作やお絵かきなどのプログラムを提供することからはじめ、そのなかで保育士と保護者が話したり、保育士が仲立ちとなって保護者同士で話をしたりする機会を設けることを重視している。

親子での製作活動を楽しむための遊びをサポート

05 | 実践上の留意点

保育園で行う子育て支援を、"発達や育児の専門的な機関としての相談支援"と位置づけると、身構えてしまって参加しづらいと考える家庭が多いように感じる。「子どもの遊びの場」や「保護者同士の交流の場」として、気兼ねなく集まり何でも話し合える場をつくることが大切である。また、支援に入る保育士も、相談や支援をしなくては、というよりは、雑談相手や、仲間づくりの手助け役になるといったように、参加者に寄り添っていくように心がける。そのようななかで、参加者が内心に抱えている悩みや不安を見逃さずに拾い上げて、必要な援助を行ったり専門機関につなげたりしていくことが、保育士あるいは保育施設としての専門性として求められている部分といえる。

住民と施設の協働による
防災（福祉教育）の取り組み

01 | 事例の全体像

　デイサービスの職員Aさんは、福祉教育の授業で訪ねてくるB中学校との連絡役である。ある日、B中学校が避難所運営に熱心に取り組んでいることを知り、何か一緒にできないだろうかと考えた。災害が起きれば、この施設もB中学校へ避難するだろう。

　いったいどうすればよいかと考え、社会福祉協議会（以下、社協）職員のCさん（福祉教育担当）に相談してみることにした。CさんはB中学校との福祉教育の授業で"まち歩き"を計画していた。そこでAさんはコースに自施設を加え、多目的ホールを提供することを提案した。時間帯を調整すれば、利用者との交流もできると考えたのだ。そんな発想が中学校と施設の関係を築くきっかけとなり、地域の防災意識へとつながった。

02 | 実践のきっかけ

　Aさんは施設において、地域連携担当ということで、毎年、B中学校からの依頼で生徒を受け入れる日時の調整等をしていた。福祉教育の授業では、食後の時間に訪ねて来た中学生とレクリエーションを行うことになっていたが、正直なところAさんは退屈だった。何か新しいことはできないかと考えていたのだ。

　一方、B中学校では社協職員が出向いて授業をすることもあるようだったが、こちらもマンネリ化しているようすだと聞いていた。社協のCさんは地域の情報が豊富で、学校のこと、商店街のこと、公共施設や飲食店のことまで何でもよく知っている。Aさんをはじめ、施設職員は毎日通勤しているにも

かかわらず、忙しい毎日なので、送迎のルート以外は地域のことを何も知らないのが実情だ。Aさんは「福祉教育の授業で"まち歩き"」ということの意味もあまりわからずにいた。そう考えると施設と地域の接点、風通しがもっとほしいところだ。

03 | 実践の経過

　Aさんはまず、社協のCさんに計画中の"まち歩き"について、話を聞くことにした。そもそもまちを歩くことがなぜ福祉教育なのか、理解できていなかったからだ。Cさんによると、ふだんから学校の教室で車いす体験を実施しているが、まちのなかで実施してみるのだという。ただし、時間割を考えると1時間では済まないし、2時間、3時間ということもあり得る。こうした時間の確保は中学校の先生方と話し合うということだった。

　Aさんは、詳しくようすを知りたくなり、社協へ出向いてみることにした。そこではまち歩きのコースを地図で確認し、これまでにも実施したようすを写真で見せてもらうなど、いろいろなことを知ることができた。まち歩きはクラスをグループ分けして行うため、複数のコースがあったが、いずれもAさんの施設の近くをとおることになっていた。Cさんの話では、各グループがコースを回って、中学校に戻ってから作業や発表をするという。Cさんとの対話で、中学校の時間割や福祉教育の位置づけ、先生や社協のかかわり、そしてこれまではお世話係だと感じていたAさん自身の役割を見直す機会となった。

　いろいろなことが理解できたことで、Aさんにもアイデアがわいてきた。せっかくまち歩きのコースと自施設が近いのだから、途中立ち寄ってもらうと

いうのはどうだろう。施設には地域に開放可能な多目的ホールがある。中学校発着で、休憩も無しというよりは、途中、一息つける場所を提供できるし、時間帯によっては当日の利用者と出会えるかもしれない。生徒たちの活動を話してもらったり、災害時の避難場所である中学校から来ていると説明するのもいい。

　Ａさんの提案は、Ｃさんを通じて、中学校の先生にも伝えられ、後日、三者で計画を立ててみることになった。もともと施設と中学校は関係があるので、施設に集合し、多目的ホールの見学や、施設長との顔合わせもできた。施設をまち歩きの立ち寄り場所とすることはすぐに決まった。

　こうしてまち歩きは当日を迎え、各グループの生徒たちが時間差で多目的ホールに集合。Ｃさんの進行で途中経過を報告し合い、そこに利用者の方々も仲間入りすることができた。多目的ホールには日常生活で車いすを使用している利用者もいる。まちを車いすで移動する経験をした生徒の目には変化があるように感じた。

　今回のまち歩きをきっかけに、テーマを"地域の安全・安心"とし、災害時に危険と思われる場所をチェックするなどし、施設の利用者や職員と共有することで、まち歩きが防災・減災につながることがわかった。多くの可能性が見えてきた。

04 | 実践のポイント

❶顔の見える関係づくり

　なぜこの実践がうまく展開できたのか。まず、Ａさんは、施設の地域連携担当として、中学校との関係構築ができていたことや、業務を退屈と感じるだ

けでなく、発展させたいという気持ち、何か新しいことができないかと考えていたことがあげられる。また、ふだんから地域や中学校にかかわる組織やネットワーク、地域資源を意識しており、施設内だけでなく、社協という組織に目を向けられ、さらに直接出向いて詳細を聞き、社協について知り、間接的にではあるが、中学校という教育現場を理解していった。

❷協働に向けた意図的なはたらきかけ

　他にも、三者が施設に集合して計画を立てたことで、施設長との顔合わせや、多目的ホールの下見等により、協働で実施するという意識につながり、当日、施設利用者の参加も実現し、空間を提供するだけでなく、人と人との交流をもつことで、施設が地域に開かれているということが伝わった。

　この回に終わらず、継続してこうした場をもつことで、まち歩きが福祉教育、防災・減災教育へとつながる可能性が見えた。

05 | 実践上の留意点

　こうした実践は、決して特別な条件がそろったからできたわけではない。ふだんのつながりを見直すことや、すでに実施していることに、あらためて意味を見出すことに取り組んでみよう。まずは皆さんの施設が関係している地域資源について、マッピングをしてみよう。つながりのなかにいるキーパーソンを思い浮かべたり、あなたの施設が"つなぎ手"となることを描いてみると可能性は大きく広がるのではないだろうか。そして考えるだけではなく、行動を起こしてみよう。

医療的ケア児の実態調査を通じた ソーシャルアクションとしての資源開発

01 | 事例の全体像

医療的ケア児を訪問診療で支えている医師からの依頼で、医療的ケア児とその家族を支援する包括的支援体制の整備に取り組んだ事例である。医療機関からの退院後は、地域に埋もれてしまう医療的ケア児とその家族のニーズを把握するための実態調査を行い、資源開発につなげていく実践である。

02 | 実践のきっかけ

多くの医療的ケア児を訪問診療で支えている医師から、支援の取り組みを依頼される

医療的ケア児は、周産期等の医療技術の進歩が生み出した新しい社会課題である。ある者は呼吸を人工呼吸器に依存し、またある者はミルクや食事を口からとることができずに経管で栄養を体内に入れる。その際に、医療及び医療的ケアができる支援者が必要になる。その支援者が見つからなければ、家族が支援を一身に背負う。

社会福祉法人むそうは、2013（平成 25）年、多くの医療的ケア児を訪問診療で支えている医師からの依頼で、東京都世田谷区において、医療的ケア児を支援する包括的支援体制の整備に着手した。区内にある医療機関のレベルの高さから、医療的ケア児への支援が日本で最も必要な地域であろうと仮定して、全国のモデルとなる包括的支援体制を構築したいと考えた。

まず、看護師が常駐する児童発達支援事業所を開設。その上で、医師がかかわっている医療的ケア児への家庭訪問、周産期母子医療センターがある医療機関や訪問看護ステーション等への協働依頼と事業紹介などを行うことで、医療的ケア児とその家族

に出会う機会を増やしていった。その結果、医療機関から退院後に支援を受けることができず、ほとんど家族介護で生活している医療的ケア児を区内で 20 人ほど見出した。

区に、それらの医療的ケア児に必要な支援と暮らしの実態を事例ベースで伝えたところ、区は医療的ケア児の実数やその暮らしの実態について早急に把握し対策を立てたいとして、2014（平成 26）年、区と当法人との協働事業として実態調査を行った。結果、当時人口約 87 万人の区内において、0 歳から 18 歳までの医療的ケア児 127 人を把握することができた。

03 | 実践の経過

「医療的ケアを必要とする障害児・者等に対する生活実態調査」と名づけた調査であったが、区もどこにどの位の医療的ケア児がいるのかわからないという状態からの調査であったため、当初から関係者を集め、どこに存在するか、どのようにしたら調査票が届けられるかという議論から着手した。

世田谷区医療連携推進協議会・障害部会に医療的ケア児に関係する区内の専門家及び機関を集め、医療的ケア児に関する情報の共有を図った。そして、医療的ケア児がつながっていると考えられる専門家及び機関から複数の調査表が届いてもよいと考え（返送は 1 通になるという見通しで、潜在化している対象者にとにかく届くことを優先した）、医療的ケア児とその家族と思われる対象者に手渡しも含めて調査表を配布してもらうことにした。

結果として、1,027 の調査表が配布され、204件（18 歳未満 127 件、18 歳以上 77 件）回収された。任意の記名欄は、そのほとんどが記入されて

いた。自由記述欄には、医療的ケア児とその家族の切迫した生活実態がびっしりと書き込まれていた。

そのなかから、年齢層や医療的ケアの状態像などを勘案して、対面調査を10例行い、その内容をもとに現状と合わせて理想の社会資源があると仮定しての理想のケアプランを作成することで、不足している社会資源を明確化した。そして、存在しない社会資源について、どうしたらいいのかを区や障害部会等の関係者と議論を重ねた。

04 | 実践のポイント

❶生活実態調査による課題の明確化

生活実態調査で浮き彫りになった課題は、以下の4点に集約された。

① 相談支援体制の課題。外出が困難な状態の医療的ケア児が多いなか、当事者が窓口に行かないと対応してもらえない相談機関しかない。窓口職員の医療的ケアの知識も不足。

② 暮らしを支える身近な医療機関と専門的な医療機関の使い分けをしたいが、とりわけ身近な往診や訪問診療を地域で行う医療者が不足。

③ 医療的ケアに対応できる生活支援サービスがない。福祉や保育等の領域の人材が医療的ケアに関する専門性をもたないため、利用を断られる。

④ 孤立しがちな介護・看護者の問題。睡眠もきちんと取れない状況で健康を損なう介護者。

❷実態調査が当事者をエンパワメントする

調査は、声をどこにあげていいかわからないと思っていた当事者をエンパワメントした。調査表の回収率をあげるため、当事者家族が学習会等を開き、互いの声かけ等を強めていった。この機会に出会い、つながった当事者家族も多かった。

調査表を手渡しする過程で、専門家及び機関が、医療的ケア児とその家族に直接アプローチして、この生活実態を垣間見たことも大きな変化を生んだ。

❸自分にできることは何かをそれぞれ考え提案する

調査がすすむにつれて、部会のメンバーが自然と自分にできることは何かをそれぞれ考え、障害部会などで提案するようになった。

一方、実態が数値化されたことで、メディアに発信され、区議会で議題となった。そして、検討の結果、保育所に区単独で看護師を配置して医療的ケア児を受け入れる、医療的ケア児の支援事業所設置を区が計画的に行う、高齢者を往診していた医師や訪問看護が医療的ケア児も対象にするなど、様々な支援者や社会資源が開発された。

05 | 実践上の留意点

医療的ケア児の多くは、知的障害がない、あるいはとても軽い。しかし、医療依存度は、とても高い場合もある。

学力やコミュケーション力等のもって生まれた能力を最大化するための合理的配慮により、医療依存度が高くても、普通の保育園、普通の学校、普通の学童保育への通園・通学になると考える本人・家族が増えている。よりインクルーシブな場での参加を保障すべく、障害福祉施策を超え、母子保健、子ども・子育て支援、教育、医療等、幅広い連携が必要となっている。

ニーズ発見から計画づくり、サービス開発へ（買い物支援）

01 | 事例の全体像

本事例は、北九州市門司区にある小森江東校区社会福祉協議会による小地域福祉活動計画の策定を通じて、地域の多様な主体が、その策定過程（①策定委員会に多様な主体が参画、②これまでの活動の整理、③地域生活課題の洗い出し、④課題解決のための取り組みの検討）において、買い物困難者への支援を創出した事例である。計画策定に参画した知的障害者福祉施設の利用者が、サービスの担い手として地域のなかで活躍し、地域住民から頼られる充足感や対価を得ることによる満足感を得られる仕組みが構築されている。

02 | 実践のきっかけ

社会福祉協議会の地域福祉担当職員である地域支援コーディネーター（生活支援コーディネーター）が、校区の課題を共有・協議する場（連絡調整会議）に出席した際、「最近、足腰が弱くなって買い物に困っている人が増えてきた」という話を聞いた。近年、同様の地域生活課題は、他の地域の会合でも見聞きするようになったが、いずれも個々の支援にとどまっているため、支援する側の高齢化に伴い、その対応に限界が見えはじめていた。

そこで、コーディネーターは、校区における買い物支援の仕組みをつくれないかと考え、これまでの会議のなかで出てきた校区の課題や高齢化率などの情報を見える化し、個別ケースの課題が校区全体の課題であることへの気づきと、課題解決に向けた意識の醸成を図ることとした。

03 | 実践の経過

校区では、住民主体のまちづくりをすすめるため、同時期に小地域福祉活動計画策定に取り組む予定であったため、計画策定を通じて地域生活課題を把握・整理し、課題解決に向けた小地域福祉活動の方向性を検討していくこととなった。

計画策定委員会では、これまで行ってきた活動の体系化や、地域生活課題の抽出・整理を行い、今後、重点的に取り組む必要のある課題を「買い物支援活動」に絞っていった。次に、買い物支援の取り組みの全体像や役割分担について協議をすすめたが、地域資源の活用方法の検討や担い手不足の課題も表面化してきたため、難航が予想された。

そこで、コーディネーターは、委員会と並行して、参画している団体や施設にはたらきかけを行うことにした。具体的には、それぞれの主体と「買い物支援活動」という校区の取り組みをすり合わせるために、各団体や施設の機能や目的を丁寧に聞き取り、どのようなかかわりが期待できるのか整理していった。また、それぞれの団体・施設において、校区の取り組みにどう協力できそうかを協議してもらうことで、策定委員会での具体的な提案につながった。

高齢者福祉施設からは、すでに取り組んでいた利用者向けの朝市を地域住民にも開放したいという提案があった。また、知的障害者福祉施設からは、買い物困難な地域住民からの注文を、校区の担当者が取りまとめて近所の商店へ発注し、施設利用者が商品を対象者宅まで届けてはどうかという提案があった。これを受け、①高齢者福祉施設を含む複数拠点での定期的な朝市を開催する取り組みと、②注文を受けた商品を安否確認しながら個配する取り組みが計画に盛り込まれた。個配に関しては少額の利用料

を徴収し、施設利用者への対価とすることとなった。

コーディネーターは、他市町村の情報を整理して提供したり、策定委員向けの取り組みイメージ図を作成するなど、検討が円滑に行われるようサポートを行った。

各団体や施設からは、「これまで地域のために何か取り組みたかったが、どうすればいいかわからなかった。策定委員会での協議やコーディネーターからのはたらきかけをきっかけに、自分の団体・施設内部でも話し合う機会が生まれ、校区の一員として役割を見出すことができた」という嬉しい声もいただいた。

計画策定委員会での話し合いのようす

04 | 実践のポイント

❶課題を地域全体で共有

コーディネーターは、校区活動者の実践のなかに、校区全体で取り組むべき課題があるかもしれないことに留意し、校区の会合で知り得た地域の様々な情報の整理やデータの蓄積を行っている。

本事例では、活動者の気づきを見える化し、校区全体で課題を共有したことで、自分たちで解決するという意識が高まり、様々な主体の参画による買い物支援の取り組みにつなげることができた。

❷各主体の強みを地域で発揮させる

一方で、既存の活動の枠組みだけで解決を図るのではなく、多様な主体が力を合わせて課題の解決に

向けた検討をすすめられるよう、会議の場において、参加者のそれぞれの強みや得意な分野を定期的に確認しながら、相互理解を深めていけるよう配慮した。

05 | 実践上の留意点

活動者が見つけてきた個々の課題を校区全体の課題として解決策を講じるかを協議する場面において、コーディネーターは、活動者には一定の負担感が生じることを認識しておかなければならない。

そのような場合、活動者だけが課題解決に取り組むのではなく、団体や施設などの多様な主体も積極的にかかわり、校区全体で住みよいまちにしていこうとしていることを活動者自身に理解していただく必要がある。

その上で、専門職の立場からの助言・支援を行い、既存の活動の枠組みにとらわれない柔軟な発想から活動の創出へとつなげていくよう努めなければならない。

それぞれが無理のない範囲で協働できる事業計画の立案が、より多くの主体を取り込み、事業の発展につながっていく「鍵」であることを、コーディネーターは理解しておくべきである。

地域の生活課題が解決すれば、安心して暮らせるまちとなり、住民に喜ばれ、活動者のやりがいにもつながっていくという好循環を生み出していくのである。

図5 小森江東校区 おたすけネットワーク イメージ図（案）

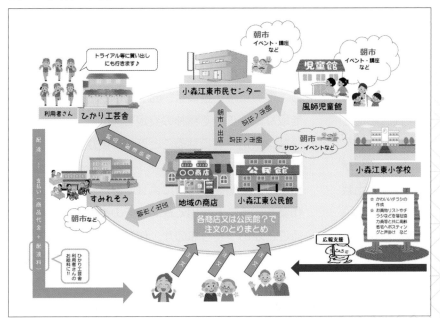

(出典) 門司区社協作成

事例**5**

若年性認知症を発症された方が
スタッフとしてかかわる喫茶

01 | 事例の全体像

本事例では、若年性認知症を発症された方で「働きたい」といった意欲があるものの、時間の流れを把握することや仕事の手順等を覚えることに課題があり一般就労が難しい方を対象として、軽作業や喫茶店での給仕、移動喫茶やパンの販売などの仕事を通じて生活のリズムを構築し、また、生きがいづくりにつなげることにより、認知症の進行を緩やかにすることを目的とした支援を行った取り組みである。

02 | 支援のきっかけ

当施設は、2014（平成26）年より、精神障害者・知的障害者の方にネジの検品、ティッシュボックスの袋詰め等の簡単な軽作業を通じた支援を行っている。軌道に乗り始めた2019（平成31）年ごろ、若年性認知症を患った方のご家族から、「どこかに働ける場所がないか」という相談を受けた。同時に、地域包括支援センターから若年性認知症への支援を行う事業所が少なく困っていること、今後、ますますそのようなニーズが増えることに対して不安を感じているとの情報を得たことから、若年性認知症を患った方への支援をスタートした。

同年6月ごろ、若年性認知症を患ったAさんが通所することとなった。通所当初のAさんは比較的軽度であったため、既存の利用者の方が行っている軽作業のほとんどを理解し、実施できた。利用前は家に閉じこもりがちな生活だったため、外へ出て仕事をすることにやりがいを感じておられるようで熱心に取り組まれていた。

なじみのスタッフに話しかけられる機会も増え、会話のなかから、もっと他の仕事もできるのではないかと気づき、過去の経験などをふまえながらかかわりの幅を広げる検討をはじめた。話し合いの結果、長く飲食業の経験があったことから、施設内に喫茶店をオープンすることにし、Aさんにスタッフとしてかかわっていただくことにした。

03 | 支援の経過

元々、話し好きで明るい性格のAさんは、得意の接客業をとても楽しんでおられるようすだった。スタッフの助けもほとんど借りず、いきいきと取り組んでおられる姿に、喫茶作業を提案したスタッフたちも喜んでいた。

しかし、次第に「しんどい」「今日はやりたくない」と話されるようになった。日によって気分にムラがある原因を探り、スタッフ間で何度も話し合いを重ね、気持ちの切り替えがうまくできていないのではと分析した。

そこで、まず午前中に軽作業を行う場所を他の利用者と分けて、専用部屋を用意した。アルツハイマー型認知症にみられる空間認知障害への対策である。作業環境を整備し、光や音など個別に苦手要素を取り除くことで精神の安定を図った。ストレスの少ない状況で過ごせることで、午後からの喫茶作業へ向かいやすくなった。

また、認知症の進行により、難なくこなせていた作業も迷うことが出てきて、その都度職員に質問することがおっくうなのか、作業を中断してしまうことが増えてきた。スタッフからいちいち説明を受けることが、Aさんには「指示」されているように感じられ、負担になっているようすだった。何とか、スタッフが介入する回数を減らせないかと考え、「タ

ブレット端末」の導入を試みた。いつでも作業手順を確認できるよう、動画やイラスト、文章を使ってわかりやすく作成。Aさんが困ったときに、自分で確認できるようになった。導入にあたっては「OA機器になじみの薄い年代の方にタブレット端末が使えるのか」といった不安もあったが、指でタップして確認作業ができ、タブレット端末を扱う姿に戸惑いは感じられない。

これにより、以前にも増して前向きに取り組まれ、お客さまとの会話を楽しめる余裕も生まれた。

04 | 支援者としてのかかわり

❶こまめなモニタリング

認知症は進行性であり、今日できることが明日もできるとは限らない。そこで、アセスメント表を活用し、定期的なモニタリングの実施、その方の状態に合わせた作業工程の見直し、反復訓練の回数の確認など、日々スタッフ間での連絡・調整を行っている。

❷本人のペースに合わせた作業時間の提供

また、作業前に設けるインターバルタイムも重要だ。不必要な刺激を減らすことにより、気持ちを落ち着かせ、不安を感じることなく次の作業にスムーズに移行できるようにしている。インターバルタイムを設けることで、気持ちの切り替えができて積極的に取り組めるという効果がある。このインターバルタイムは、ほんの数分の短い休憩がよいとされている。作業へのモチベーションの維持を考えると、長い休憩時間ではなく、短い休憩時間をこまめに入れることで効果があがる。

❸他者との接点への配慮

作業中にも、モチベーション向上のため、お客さまからのお褒めの言葉や「おいしかったよ」という

声は、スタッフから必ず本人に伝えるようにしている。逆に、不手際によるクレームなどの対応は、スタッフが間に入ってサポートすることにより、落ち込むことなく作業を継続することができている。

❹地域へ憩いの場の提供

本喫茶店は丘の上という立地条件から常連客がほとんどだった。最初はパンの購入のみの利用だった方も喫茶を利用し話し相手になってくださるようになり、また、わざわざ遠方からも友人を連れて来てくださることもある。地域の方々にとっても、すごしやすい居場所となっているようである。一方、Aさんも新たなお客さまが来られるとグッと顔が引き締まり、よい刺激となってその後の作業にも活気をもたらせている。

05 | 支援の留意点

今回の事例のような場合、接客をするなかで、若年性認知症の特性を地域の方々にご理解いただくことは難しく、時にはクレームにつながることもある。また、一度に多数のお客さまの対応をすることも困難なことから、作業時間や職員配置の見直しを常に行っていく必要がある。

現在、作業のより効率的・効果的なすすめ方について、NPO法人、近隣大学等から協力を得ているが、さらに地域における協力者を増やすことも不可欠である。

地域包括支援センターのスタッフとも交流をもち、障害サービス、介護サービスの垣根を超えた情報交換をすすめている。

今後も市や地域と協力し、またホームページやブログなどでも発信を続け、情報を公開しながら、地域の力を集結し若年性認知症の方が働ける場所の提供を継続し、広めていくことが重要と考える。

本人とその家族に寄り添い、地域で支える

01 | 事例の全体像

　Aさんは20代男性。両親と民間アパートに3人で暮らしている。中学校卒業後は進学せず、しばらく職にも就かなかったが、20歳前後の頃に母親の知人の紹介により飲食店で皿洗いの仕事に3年間従事。以降、就労経験はなく、さらに家族以外とのかかわりをもたず生活してきた。本相談室では、就労準備支援事業を活用し、支援から3年。今も本人の当初の主訴の解決には至っていないが、Aさんへの支援を通じて資源の開発や連携、地域共生社会実現に向けた地域づくりのきっかけとなった事例である。

02 | 支援のきっかけ

　相談室は、M市より当社会福祉協議会が受託した生活困窮者自立支援制度の自立相談支援事業機関であり、商店街の空き店舗を活用して開設していた。母親からのすすめで著者が所属する相談室を訪れたAさんは、相談開始当初から、自ら発言することは少なく、相談支援員からの投げかけには、小さく「ハイ…」とうなずく程度がほとんど。そのため面談は短時間で終了していたが、一度も面談を断ることなく継続された。本人と母親は、一般就労をめざしていたが、私たちの見立てでは何らかの障害が疑われ、ハローワークでの就職活動は開始せず、就労準備支援事業を活用して本人のアセスメントを深めるといった支援方針が決定された。

03 | 支援の経過

　離職から6年程度経過していたこと、いじめを受

け働くことへの不安があるなど課題が多く、一般就労に向けて、本人の不安を少なくする取り組みが必要であると話し合った。

　この頃、相談室には同様の課題をもつ家族や関係機関から相談が相次いでいたため、すぐの就労活動は困難な方を対象に、「キッチン事業」や「しごとネット」の取り組みをはじめていた。「キッチン事業」は、料理をみんなでつくり食べることを通じて、働くための様々なスキル習得を意図的に設け、月1回10人程度で多機関の専門職も参加して開催されていた。Aさんは最年少であったこと、いつも笑顔で参加していたことから、他の参加者からやさしく接してもらい、コミュニケーションが活発になっていった。また、「しごとネット」を通じて賃金を得ることができるようになっていた。

　参加から1年が過ぎた頃、一般就労に向ける前に、自立を支援する「あんしんサポート事業」を活用して、社会福祉法人が実施する就労継続支援事業所（B型）の就労体験への参加を提案した。Aさん世帯は経済的に困窮していたため、この課題が解決されることも期待され、本人の課題と就労アセスメントを実施できる機会とした。体験は1か月間行われ、週に1回、本人と事業所、相談室でモニタリングを行った。Aさんは体験を休むことなく、事業所から高評価を得ていた。これを機に一般企業での就労体験実施に向け就労支援員はハローワークと協力し受け入れ先を開拓。市内加工業者への体験が決まった。体験後、業者から採用したいと話があったが、本人が断り、その後も同じ状況が続いた。いずれも家族の反対もあった。

　相談支援員のなかには、Aさんは本当に働きたいのか？　ここに通い続ける理由は？　居心地のいい今の場所が自立の妨げなのか？など様々な葛藤があっ

た。相談室では、働くことや自立した生活を送るための課題について話し合った。Ａさんは幼少期からいじめを受け続けた経験からトラウマがあり、もっと自己肯定感を高める時間も必要ではないかと考えた。キッチン事業では当事者によるミーティングが毎回行われ、Ａさんからは相談室が実施する「こども食堂」に貢献したいこと、つくった料理を販売することなどが目標として聞かれるようになった。

このような変化もあり、地域のこどもたちを対象にボランティアとともに「こども食堂」を開催したことで、地域から活動が認知され、商店街店主らと互いに声を掛け合うようになっていった。これまで家族以外でかかわることがなかった人たちが地域で包摂されはじめた。この活動をさらに一歩すすめて、社会的孤立状態にある者の孤立解消に向けて、カフェＮを商店街にオープンさせた。Ａさんは今、ここに従業員として通っている。

04 | 支援者としてのかかわり

❶時間をかけ本人と家族の決定に委ねる

課題は、Ａさん本人だけでなく家族にもあった。息子の就労を希望するが、いざ働くことに向かうと家族が介入し断る。母親はＡさんに自分と過ごす時間を優先させ、依存関係にあった。Ａさんは知的障害と視覚障害が疑われ、働きにくさや生きづらさを、これまでのつまずきから感じはじめていた。しかし父親はこれを決して受け入れなかった。父親は「福祉」や「障害」といったワードに敏感であり、自分の息子が「障害者」と位置づけられることに強い抵抗を感じていると推測された。これは、父親と母親との面談をとおして、これまで生きづらさを抱えながらも必死に息子を育て、生活を守ってきたことを相談支援員は感じており、息子にもそれを望んでいるのかもしれないと考えていた。相談支援員は本人の気持ちと、家族の思いに寄り添うと決め、解決方法は本人と家族の決定に委ねた。家族は、Ａさんのこれまでの生きづらさを、本人の幼少期から無意識に感じていたが、その感情を受け入れられずにいた。Ａさんの状態を理解し受容するには時間が必要と考え、すぐに制度やサービスにつなぐことをせず、様々な取り組みを試すことにした。

❷関係者による協議の継続

また、Ａさんと同じ課題をもつ人は他にもおり、一般就労と福祉的就労の選択肢だけでなく、中間的就労の場が必要と考えたが、地域にその資源は無かった。主催する支援調整会議や事例検討会では、個のアセスメントやプランだけでなく、地域の資源調整・開発に向けた検討を重ね、あんしんサポート事業相談員とともに実施する事例検討会では、緊急支援の振り返りや資源開発の検討が積み重ねられた。

05 | 支援の留意点

私たちは、多くの相談者を前に、すぐさま既存の制度やサービス利用に向け、調整をはじめてしまうことが度々ある。個に合った資源が必ずしもあるとは限らない。本人や家族のこれまでの人生や思いを尊重する必要があることを、Ａさんはじめ同様の状態にあった方々から学ぶことは多い。制度は万能ではない。個々のケースに寄り添った支援を考え続けることが必要である。また、多機関・多職種が連携する際にはそれぞれの専門性から必ずしも方針が一致するとは限らない。課題を解決するのは、援助者ではなく本人と家族である。私たちは、個と機関の専門性を生かし、相談者や家族の自己決定を導いていくこと、そのために専門職が本人と一緒に悩み、解決に向けた取り組みにチャレンジし続け、本人や家族に寄り添うことが何よりも大切であると感じる。

地域支援を意識したケアマネジメントと"地域住民＋専門職"が協働して取り組む伴走型支援

01 | 事例の全体像

地域での関係の希薄化により、ある人が生活上の困難を抱えていても気づきにくい場合がある。これは地域包括支援センターが、地域で孤立しそうな人・困っている人について、専門職・非専門職にかかわらず、分野・立場を超えての情報共有を行い、早期に発見しケアマネジメントを行った事例である。

02 | 支援前～支援の始まり

この地域の住民にとって、Ａさんは普段から「気になるおばあさん」だった。

Ａさんは九州の某県で出生。きょうだいは多く、末っ子であった。実家は「とても貧乏だった」ので、中学校卒業後は仕事を求めて関西へ。飲食店などでの仕事を転々としたが、20歳過ぎに現在住んでいる町の工場に就職した。職場で同郷の夫と知り合い結婚。子どもはおらず、夫と2人で仲むつまじく生活し、夫婦ともに定年まで勤め上げた。家事は主に夫が担っていた。その夫とは10年前に死別、それ以降ひとり暮らしである。

Ａさんは「軽度の知的障害」と推察されたが、障害者手帳の交付は受けていない。障害福祉サービスはもとより、介護保険サービスの利用経験もない。収入は年金のみであるが、質素な生活ぶりで、少しだが預貯金もある。今も亡夫と長年過ごした古いアパートに住んでいる。玄関まで物であふれており、いわゆる「ごみ屋敷」の一歩手前である。炊事の経験はあまりなく、外食中心。シルバーカーを使って外出することが多い。携帯電話を所持しているが、Ａさんには操作がむずかしいようである。

行動パターンはいつも同じで、月曜日はショッピングモール、火曜日は接骨院、水曜日（隔週）は内科医院、木曜日は近所のお好み焼き店…である。外出時に不自然な身なりをすることはないが、たまに尿臭がすることがある。

想定外の出来事が発生すると、「どうしよう！ どうしよう！」と大騒ぎになる。役所等から届いた書類の意味がわからず、アパートの大家や町内会長らに尋ねて歩く。Ａさんをよく知るお好み焼き店の店主は、「長年の常連さんだしね。何かあったら"包括さん"に連絡するわ」と見守り役を買って出てくれた。

03 | 支援の経過

ある日、Ａさんは地域包括支援センターのサテライト相談窓口に来所。ここはNPO法人が経営する喫茶店に併設しており、地域包括支援センターの"アウトリーチ前線基地"である。地域包括支援センターの本部は介護老人福祉施設内にあるが、サテライト相談窓口を立ち上げたことで相談件数は確実に増加した。

この日のＡさんは内科医院を受診する予定であったが、「腰が痛くて医者に行けない」と助けを求めてきたのである。数日前、地域包括支援センター職員と介護予防に関する面談をこの場で行っており、「ここに来れば助けてくれる人がいる」と判断したらしい。サテライト相談窓口はＡさんの自宅から徒歩数分の距離であったので、何とかたどり着けたようである。

Ａさんは腰の痛みが引かず、歩くことができないようすであった。サテライト相談窓口の担当職員はＡさんと相談し、病院に行くためにタクシーを呼んだ。駆けつけた地域包括支援センター（本部）の職

員に伴われ、Aさんは内科に行かず整形外科を受診し、そのまま入院となった。

04 | 支援者としてのかかわり

❶制度に該当しない人の、制度の隙間に落ちる可能性

Aさんは、夫の死去を境に生活上の不自由さが出てきたが、要介護認定や障害程度区分に該当するものではなかった。このような「制度の隙間に落ちる（可能性がある）人」にこそ、包括的支援体制が必要であると考え、Aさんの「退院後の生活支援」を関係者間で検討した。

❷昔からのご近所付き合いやつながり

地域住民のAさんへの支援は、お好み焼き店の店主だけではなかった。民生委員や自治区の役員、かつて一緒に工場で働いていた仲間も気にかけてくれていた。これは、Aさんが夫と一緒にご近所付き合いを続けてきた賜物である。彼らはAさんの「人生の物語の登場人物」なのである。ここに地域包括支援センターの職員は目をつけ、Aさんに関する情報の共有をスムーズに行った。

❸これから起こり得る生活課題とその予防／分野の垣根を超えた情報共有

一方で専門職は、Aさんの身に起こり得る生活課題の"予防"を考えた。今後、消費者被害や生活困窮に陥る恐れや、認知症など加齢に伴う健康面のリスクもある。主治医をはじめ、分野の垣根を超えた情報共有を密に行ったが、これまでは「個人情報の保護」の壁により、地域住民と必要な情報が共有され難い状況にあった。しかしながら、Aさんの了解を得ることで地域住民と専門職が「Aさんに寄り添う支援（伴走型支援）」を行えるようになった。

❹相談窓口は地域住民の"身近な場所"に整備する

入所施設内等に併設されている地域包括支援センターは、地域住民にとって「縁遠い相談窓口」というイメージをもたれているかもしれない。総合相談の機能はできるだけ地域住民の身近な場所に置くことが理想である。コスト等の理由で困難とする向きが少なくないと思われるが、商店街やショッピングモール等の一角を借りて相談窓口を開設する例もある。また、市区町村の地域福祉計画に「身近な相談窓口の整備」を明記する手段もある。こうした社会資源開発も地域包括支援センターによるケアマネジメントの一環である。

図6　Aさんを中心とした支援体制

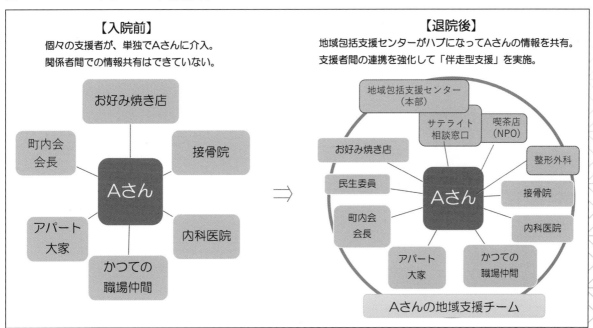

（著者作成）

05 | 支援の留意点

Ａさんのように、「困っていない」ように見えて実は生活上の困難を抱える（可能性の高い）人は少なくない。生活課題も「早期発見、早期対応」が効果的である。個人情報保護の重要性はいうまでもないが、これに過剰反応し過ぎると本質を見誤る。特に地域から孤立している人の支援においては、"その人"を知ること（アセスメント）であり、そこから糸を紡ぐように支援を広げていく必要がある。困っている人を地域で支える仕組みづくりが、生活課題の予防につながる。

伴走型支援のポイントとして、①"その人"の生活圏域にある社会資源の活用、②分野を超えた専門職ネットワークとアウトリーチ、の２点があげられる。地域住民の"関係の希薄化"が課題とされているが、地域住民や専門職が少しずつ歩み寄りながら「我が事・丸ごと」の支援を実施していくことが必要である。相互理解と多職種連携によって「大難を小難に」「困ったときは、お互いさま」の文化が醸成されていくのだろう。

コラム　組織の目的を共有し、チームで動けるような人材育成を

社会福祉法人同愛会　理事長　菊地　月香

　組織は目標を達成するために存在し、最前線に立って、実行するのは職員である。一人の職員が高い意識をもち、目標達成に向けて行動できたとしても、他の職員が同じように目標を理解し、ともに行動しなければ達成には近づけない。

　そのためにも同じ目標の達成に向け、行動する「チーム」が必要であり、そこには様々な役割やタイプの人が所属し、「チームワーク」を果たしていく。「チームワーク」を果たすためには目標の共有と個々の役割、得意不得意等の理解が必要であり、これらの違いを埋めていくために欠かせないものが「コミュニケーション」であるととらえている。

　特に地域のなかで多様化する課題や新たな取り組みに対応する上では、多面的かつ専門的な視点でのアプローチが求められるため、「チームワーク」と「コミュニケーション」は重要となる。

　組織では、管理職によるリーダーシップが求められる一方、実際のサービス提供現場と組織をつなぐ中堅職員の役割発揮も期待される。当法人においても事業運営の中心となる中堅職員に一定の権限や役割を付与し、様々な課題達成や失敗といった経験をするなかで、上司がフィードバックしながら育成する。そしてそこから得た学びを部下へつなげていくことを重視している。

期待される中堅職員と管理職

　この育成の仕組みは事業所内部にとどまらず、事業所を超えた法人全体での交流や連携を日頃から行っており、法人内部研修等の開催にあたって階層別あるいは職種別、事業種別、全体と様々な形で体系的に行っている。法人職員は「法人」に所属する職員として、自身の事業所のみならず、種別を超えた法人の各事業所を理解し、ひいては地域の福祉を担う役割である意識をもつようはたらきかけている。

　また、法人単位でのプロジェクトなどでは中堅職員を中心メンバーとして位置づけ、意図的に職員間でのコミュニケーションを取る機会を設け、法人事業運営に主体性をもって取り組むよう促している。それらが相互の連携や協力体制に発展し、日常の職務や部下育成、あるいは他事業所の取り組み等について情報交換をする機会となり、自身のモチベーションアップや職務遂行のヒントが得られることもある。

　そのなかで重要視している部分は目的性の共有である。なぜ、何のために必要なのか、あるいは組織にとってどのような発展があり、自身の成長にどのようにつながるのかを示すことで参画する意図が理解でき、同じ方向性で取り組むことができる。さらには自身の経験を部下へ同様に示していくことで、育成の循環が生まれ、組織力が向上される。

　一方で、新たな取り組みや企画のみならず、課題やトラブル等の対応についても、課題意識の共有や解決力の育成に向けた機会として一緒に取り組むこととしている。

　このようなつながりは法人内部のみならず、他法人、他事業所においても同様に大切である。同階層、あるいは同キャリア、同世代の職員との交流が双方の成長やモチベーション向上となり、地域の様々な課題解決の一助となるよう、補完的にサポートすることが管理職ならびに上司の役割であり、次世代育成へつながるものととらえている。

住まいの確保から
多機関連携の暮らしの支援を構築

01 | 事例の全体像

ひきこもり状態にあるAさん（30代男性）に精神障害者を主たる対象者とする支援センターのワーカーがかかわった事例。支援開始時は窃盗事件で執行猶予中、居住支援を受け転居するも再犯で実刑となった。二度の事件で家族とのつながりは弱まり、出所後の居住確保や生活支援のための支援者会議を呼びかけても各機関の戸惑いも大きかった。ワーカーは地域の自立支援協議会を基盤に困難事例学習会を開き、支援者のつながりづくりからはじめ、Aさんを知る人を増やしていった。そこから刑務所での面談、ケース会議を通じて出所後の地域生活の準備をすすめ、様々な機関がかかわりながらAさんの地域生活がはじまっていく。一つの機関で抱え込まない多機関協働の支援者チームを構築していった事例である。

02 | 支援のきっかけ

Aさんは全寮制の高校卒業後、派遣会社を転々とする。その後、長期に失職し、母親を頼って来県。アルバイトを辞めるとひきこもりがちな生活になり、母親が保健所に相談をしはじめた頃、窃盗事件を起こし執行猶予となった。ワーカーは、「自立して母親の信頼を取り戻したい」と言うAさんと住居を探し、本人の希望する地域に転居でき、精神科受診で軽度の知的障害及び発達障害と診断され、福祉サービス利用の相談をはじめた矢先に再犯し実刑を受ける。先の事件の実名報道で母親は転職せざるを得なくなり、経済的にも精神的にも不安定になり、かかわりを拒否するようになった。出所後の居住確保が大きな課題となり、地域生活定着支援セン

ターと協働し支援者会議を呼びかけるが、受刑中から初めて支援にかかわる関係機関にとって当然ながら不安も大きく、当初は支援者の広がりが見られなかった。

03 | 支援の経過

支援者が広がらない焦りを訴えるワーカーに所属長は、最初から機関に支援を求めるのではなく、Aさんを知る人を地域に増やすことからはじめることを助言し、困難事例学習会を企画した。所属長は、これまでのつながりを生かして地域の支援機関の長に直接参加の依頼をした。学習会では、Aさんはなぜ逸脱せざるを得なかったのか、彼の強みは何か。様々な見立てがなされていった。

Aさんは「事件を起こしたのは、引っ越しや役場での手続きとか、毎日忙し過ぎてイライラしたから。今はここの生活に慣れるのに精いっぱいで、出所後とかそんな先のことまでは考えられない」と率直に心情を語った。面談ではどこで暮らしたいか、なぜそう思うのか、そのために必要なことは何か、本人

図7　Aさんへの支援体制（支援開始時）

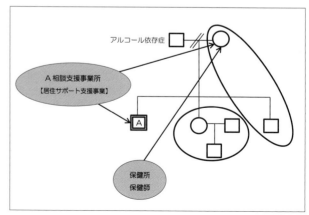

（筆者作成）

の気づきを促していった。生活支援については、学習会でつながりのできた入所施設もケース会議に参加し、市と保健所は障害者手帳取得や福祉サービス受給の準備をすすめた。

一方、きょうだいはかかわりを拒絶、母親も同様であった。背景には、この一家が、アルコール依存症で暴力と浪費を繰り返してきた父親から逃げるように他県に越し、懸命に生活を築いてきた姿があった。母親をこれ以上苦しめたくないとのきょうだいの思いが兄への非難に転じていた。申し訳ないと繰り返すだけだった母親が、徐々にこれまでの暮らしや嘆きをワーカーに話せるようになっていった。

Aさんは、単身生活をめざして救護施設から通院や作業所実習を続けようという提案に「集団生活じゃ刑務所と同じ、作業所の工賃じゃ自立できない」と反発したが、生活費を具体的に示し、3か月で単身生活することを目標に生活保護受給の手続きをすすめた。

Aさんの出所は正月の2日だった。施設では園長があたたかいコーヒーを入れて迎えてくれた。日中活動の場の作業所への送迎は二つの支援センターが担い、通院は保健所と市の保健師が同行。日常生活自立支援事業で金銭管理や日常の相談に対応し、地域生活定着支援センターが保護司や保護観察所との調整にあたった。アパート入居は保証人協会と緊急連絡先を支援センターが引き受けることで入居可になり、当面の生活備品の提供を広く呼びかけアパート生活の準備をすすめた。

そして生活費の管理や訪問の拒否など様々な自己表現を繰り返しながらも、計画どおりAさんは単身生活に移行し、週末は大好きなゲームを夜ふけまで楽しみながら暮らしを築きはじめている。

04│支援者としてのかかわり

❶本人への寄り添い支援

再犯後も裁判での証言や面会を繰り返し、支援者とのつながりは切れていないことを伝え続けた。また、再犯を防ぐことを意識するあまり生活を監視（チェック）しがちだったが、失敗はするものととらえ、Aさんが支援案を選択し、試行し自分で決めることを意識した。また、支援の役割にあたっては金銭管理等の日常生活支援では本人の要求と支援者のねらいが相反する場面も出るので、健康相談等で本人が弱さをありのままに出せる場面をつくり、役割の違いを明確にした。

図8　Aさんへの支援体制（支援後）

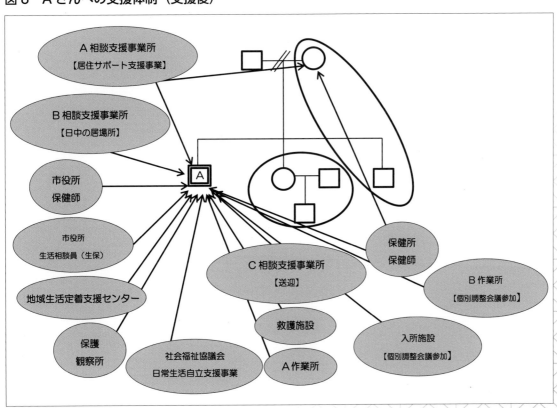

（筆者作成）

❷住まいの確保

　保証人や緊急連絡先の確保、資金や備品の支援計画よりも、再犯後の退居支援が困難であった。個人情報の守秘と共有の困難を抱えながら家宅捜索の立ち会い、荷物整理・掃除、手続等を警察、不動産業者、拒絶する家族の間でワーカーの所属長が前面に出て、調整した。退去までのＡさんの部屋の掃除と荷物の整理は多くの支援者の協力でスムーズに完了し、本人も家族も不在のままであったが、支援センターが責任をもつことで不動産業者から信頼を得、出所後の居住確保につながることとなった。

❸共感に基づく多機関連携の構築

　再犯直後は支援者の広がりも弱く、どこも支援に加わってくれないと抱え込みになりがちだったワーカーだが、困難事例学習会を通じ、多機関連携の基盤は、ワーカーとワーカーの人間的共感によるつながりづくりであることにあらためて気づかされた。支援機関は 13 機関に広がり、Ａさんの知人が、時に茶菓を出して声を聞いてくれる見守り型支援の存在も大きな力となった。

05 | 支援の留意点

　累犯障害者だけでなく、支援者から一時的に姿が見えにくくなり、支援が必要な人こそ支援から遠ざかる事例もある。つながり続けること、つないだ手は離さないことが肝要である。この地域は早くから障害者支援のための自立支援協議会が活発で、ケースの共有と協働した支援が展開されていたが、どの地域でもときには、支援者会議に支援役割をもたない支援機関も加わることでスーパーバイズ機能とワーカーの孤立予防や新たな地域応援団を生むことになると考える。

コラム 施設職員の人材育成につながる地域活動

社会福祉法人同愛会　理事長　菊地　月香

当法人では基本理念に基づき、地域における生活を多面的にとらえ、地域のニーズや利用される方のライフスタイル、あるいは世帯の生活ニーズを包括的に支援できるよう事業を展開している。各職員にも、個々の種別によるサービスという意識でなく、福祉という対象者を包括的に支援する意識をもつよう日頃から伝えている。また、法人で実施している福祉サービスはもちろんのこと、それらで身につけた専門性やソーシャルワーク力を「地域における公益的な取組」を行うことで、様々な業務や役割をとおし成長につなげ、仕事の有用感や地域へ寄与できる力をつけるようはたらきかけている。

法人として「地域における公益的な取組」実施の背景には、社会福祉法に基づく事業の推進、法人理念による事業活動以外に、地域住民への福祉施設や利用者の理解啓発、当事者である利用者の自己実現、職員の育成、そして地域の社会資源として機能還元につながればと考え、取り組みに至った。

各事業所それぞれの地域性に応じ、関係機関と協議をしたり地域住民や関係者からの声から生まれた取り組みを実施しており、社会福祉協議会をはじめとする関係機関との連携によるものがほとんどである。

取り組みの展開をとおしジェネラルな視点で地域福祉にかかわることで、職員の専門性の向上やキャリアアップ、個人の職業意識の醸成につながっている。法人や事業所にとってもサービスの質の向上や事業展開の機会、さらなる多機関との関係性の構築や人材確保など様々な広がりを見せている。

職員が多機関と連携した取り組みを行うことで、さらなる地域課題やニーズが見え、新たな取り組みに発展したり、地域の社会資源との連携が強まるなど、自身の成長とともに自立性と主体性をもった取り組みへとつながっている。

地域住民向け食堂で子どもたちと野菜スタンプづくり

家を片付けられないごみ屋敷状態の人の支援を通じた地域づくり・仕組みづくり

01 | 事例の全体像

家を片付けられない状態で長年近隣との関係も悪化している、いわゆる「ごみ屋敷」問題。地域の人は困り果て、排除の感情が生まれる場合もある。自治会長や民生委員に相談するものの、本人に困り感がないためになかなか支援の糸口が見つからない。さらに本人の年齢が60代後半となると、かかわる専門職も高齢福祉か障害福祉か生活保護かといった具合で、担当部署も定まらない。大量のごみを一度搬出したとしても、日常的なつながりがなければまた元に戻ってしまう。「ごみ屋敷」問題は、全国に広がる社会的孤立の象徴として考えられる。

この事例は、地域の相談窓口に寄せられた相談に住民とともにコミュニティソーシャルワーカーがつながり、本人の困り感を支えることから信頼関係を築き、多機関協働でごみの分別・運搬・費用負担について支える仕組みをつくる。さらに実際片付けた後も、地域のなかで排除の感情から包摂のつながりを構築していく。ごみ屋敷の住民の支援を通じて地域づくりを行った事例である。

02 | 支援前～支援のはじまり

近隣の人から、「福祉なんでも相談」窓口へ苦情が入る

Aさん67歳。片付けのできないいわゆる「ごみ屋敷」状態でたくさんの猫と暮らす、ひとり暮らしの女性。4年前に引っ越してきたが、その後どんどん物が増え、悪臭と外観で近隣からの苦情が続いていた。ある日近隣住民Bさんから「猫をたくさん飼って、家の前に大量のごみが散乱しているAさんのことを何とかしてほしい」と、小学校区内にある「福祉なんでも相談」窓口に苦情が入った。担当民生委員はさっそくコミュニティソーシャルワーカー（CSW）に相談した。

CSWがAさんを訪ねても留守が多く、なかなか会うことがかなわなかった。唯一、猫のことを話題にAさんと話のできる住民Cさん（市社協のボランティア）に協力を依頼して、本人のようすや支援の手掛かりを把握することとした。会えない日には「心配している」ことを伝えるために名刺の後ろにメッセージを残し、何度も訪問途中で出会えないか、アウトリーチを続けた。

03 | 支援の経過

そんな日が半年も続いたある日、Aさんと家の前でばったり会うことができた。何度も訪問していたことから、すでにCSWとAさんは知り合いのような感覚であった。CSWが名刺を差し出すと、Aさんはこれまでの名刺を全て保管していた、と見せてくれた。

ごみの話題からではなく、本人のことを話題にしていくうちに、Aさんは食品関係の仕事で各地のスーパーに派遣で出ることが多いことがわかった。最近、痛みから足を引きずって歩いていることもわかってきた。もともと片付けができず、以前住んでいた家で火事を起こしていた。通帳や印鑑の場所がわからず、電気代も払えていないことで、夜になると真っ暗な部屋で猫と一緒に寝ているとのことだった。

生活費の問題や体調の話を聞くなかで、裏庭の大量のごみについての相談があった。「捨てるのにお金がかかるのか」「裏庭の大型ごみを捨てたいが費用がない」とのことであった。そこでCSWより、

共同募金を財源にした地域独自の民生委員の「たすけあい資金」があり、ごみの片付けを手伝うことができることを提案し、処理費用は助け合い資金でまかなえることを話すと本人の表情が明るくなった。

それから、CSW は関係者を集め、福祉ごみ処理プロジェクト会議を開催した。年齢が 67 歳であったことから、地域包括支援センター、臨時ごみとしてごみを運搬してもらうために環境部、ごみ処理費用を提供してもらうために担当民生委員、「福祉なんでも相談」で相談を受けた民生委員、近隣住民 C さん、そして CSW が集まった。ごみの片付けの人員を確認し、日程を決めて、費用負担を考え、A さんの課題を話し合った。片付けた後、どのように支えていくのかもあらかじめ検討した。CSW は生活費にかかわる相談について担当し、地域包括支援センターの担当者が中心となり、通院やサービス導入についても検討することとなった。

片付け当日になって、何度かのキャンセルが続いたが、いよいよ本番を迎えた。ごみの片付けのなかで A さんの生活歴を聞き、貯金があるものの下ろすことができないでいることもわかった。本人は片付けを続け、片付けを通じて近隣との関係も回復していった。近隣住民 C さんは畳を替える手伝いもしてくれた。

三度の片付けを実行するなかで、病院につながり、そこでの受診により難病を患っていることが判明し、A さんには介護サービスを導入した。片付いた家にテレビを寄付してくれる人がいたり、家具を整えたり、カーテンをつけたりと、たくさんのインフォーマルの支えも得ることができた。彼女の家は電気がとおり、明るい部屋での生活が実現した。ヘルパーやデイサービスの利用で人間関係が広がった。

04 | 支援者としてのかかわり

❶排除ではなく包摂の支援

ごみの問題は本人に困り感がない場合が多い。「ごみを片付けてください」というアプローチでは、CSW 自身が近隣の苦情を言う人の代弁者となり、本人を排除する感情を伝えるだけの人に見えてしまう。そこで、「本人を心配している」という姿勢を示し続け、特に会えない人の場合は徹底的なアウトリーチで本人に認識してもらえるようにし、タイミングを計る。この際、近隣に情報を求める。近隣の人は本人の動向をよく把握している場合が多い。地域の力を借りてそこから本人支援のアセスメントを行っていく。ここで大切なのは、本人を支援することが目的で、ごみを片付け本人を排除する役割ではないことも、あわせて地域の住民に丁寧に伝えていくことである。

❷申請主義からこぼれている人

介護保険も生活保護も「助けてほしい」と本人が言ってきてから支援する申請主義の考え方が基本だが、ごみ屋敷状態で本人に困り感がない場合、支援拒否することも多く、CSW が訪ねて行ってもつながりにくいことが多い。「恥ずかしい」「生活のためにごみを集めている」「誰にも迷惑をかけたくない」など本人の気持ちは様々である。

このように自分から SOS を出せない人にはどのようなアプローチがあるか。近隣から協力を得たり、心配していることを伝えるために本人宅にアプローチしていく。メモを入れたり、名刺の裏などにメッセージを添えてタイミングを計る。本人にとってつながる必要性を感じてもらえるような地道なアプローチが大切である。

❸「困った人」は困った問題を抱えている

本人に出会えたとしても、ごみの話は本人に困り感がないため出ないことが多いことから、本人の困り感にアプローチしていく。認知症なのか、発達障害などで片付けができない人なのか、家族を失ったり自暴自棄になったことがきっかけなのか。周りからの困り感と本人の困り感は違うことが多い。CSW は本人の困り感からつながることで、本人との信頼関係を築いていく。

❹地域に盾になってくれる住民をつくる

近隣をアセスメントすると地域のなかで本人とつながっている人に出会うことがある。こういう人を、苦情を言う人たちとの間の盾になってもらえるよう、CSW は情報共有して協力者として位置づけていく。一緒に片付けなどを行ってもらうことで本人の課題を共有し、ごみの問題ではなくその人の抱える問題を知ることからやさしさを引き出していく。

❺ごみ屋敷は社会的孤立の象徴

何年間も誰も家を訪ねてこないことからごみ屋敷状態は悪化していく。ごみ屋敷状態にある人は人間関係が途絶え社会的孤立の象徴として考える。ごみのことで近隣との関係も悪化していく。ごみを片付けることと、人間関係を地域にも専門職にも広げていくことが支援のポイントになる。

❻ごみを捨てた後、本人を支える人を増やす

そのためには、片付けの際に今後つながっていくことが可能な支援者を想定し、支援を通じて本人とのかかわりを増やしていくこと、片付けを通じて本人の課題を再度アセスメントしていくこと、共同作業を通じてチームをつくっていくなども考えられる。

❼ごみ屋敷を支援していくプロジェクトを立ち上げる

一人の問題を支えていくことで、ごみの問題には、①いっせいに片付けを行うための人員の確保（地域にも専門職にも）、②ごみを臨時ごみとして運搬（市の清掃局との連携）、③費用負担（民間業者を使う場合、本人がごみ処理費用を負担できる場合、できない場合）のルールをつくり、同じ課題が起きたときに一定のルールで対応できるようプロジェクトをつくって対応していく。

05 | 支援の留意点

ごみ屋敷は単身化がすすむ現代、判断能力が乏しくなったり、発達障害や認知症など様々な状態で現れる。これらの課題を近隣からの苦情により「ごみを片付けなさい」というアプローチだけを行ったのでは本人が片付けることができない場合が多い。行政による強制執行でごみは一瞬片付いたとしても、本人のもともとの課題にアプローチしていないためにまた逆戻りになるケースも多い。ごみ屋敷という現象に対して、福祉的にアプローチしていくための行政内の連携や地域住民への啓発により、本市においてはこの15年で550件を超える実績がある。ごみ屋敷の問題はごみが課題ではあるが、人の問題であるという視点でアプローチしていくことが本質的な支援になっていくと考えている。

現代の貧困には二つある。一つは経済的貧困、もう一つは人間関係の貧困。ごみ屋敷は経済的に豊かな人にも貧しい人にも誰にでも起こり得る社会的な孤立の課題（＝人間関係の貧困）であるということから、住民から「我が事」としての共感を得る課題だと考える。

第 **3** 部

資　料

社会福祉法（昭和 26 年法律第 45 号／令和 2 年 6 月 5 日一部改正）抜粋

（地域福祉の推進）

第 4 条　地域福祉の推進は、地域住民が相互に人格と個性を尊重し合いながら、参加し、共生する地域社会の実現を目指して行われなければならない。

2　地域住民、社会福祉を目的とする事業を経営する者及び社会福祉に関する活動を行う者（以下「地域住民等」という。）は、相互に協力し、福祉サービスを必要とする地域住民が地域社会を構成する一員として日常生活を営み、社会、経済、文化その他あらゆる分野の活動に参加する機会が確保されるように、地域福祉の推進に努めなければならない。

3　地域住民等は、地域福祉の推進に当たつては、福祉サービスを必要とする地域住民及びその世帯が抱える福祉、介護、介護予防（要介護状態若しくは要支援状態となることの予防又は要介護状態若しくは要支援状態の軽減若しくは悪化の防止をいう。）、保健医療、住まい、就労及び教育に関する課題、福祉サービスを必要とする地域住民の地域社会からの孤立その他の福祉サービスを必要とする地域住民が日常生活を営み、あらゆる分野の活動に参加する機会が確保される上での各般の課題（以下「地域生活課題」という。）を把握し、地域生活課題の解決に資する支援を行う関係機関（以下「支援関係機関」という。）との連携等によりその解決を図るよう特に留意するものとする。

（福祉サービスの提供の原則）

第 5 条　社会福祉を目的とする事業を経営する者は、その提供する多様な福祉サービスについて、利用者の意向を十分に尊重し、地域福祉の推進に係る取組を行う他の地域住民等との連携を図り、かつ、保健医療サービスその他の関連するサービスとの有機的な連携を図るよう創意工夫を行いつつ、これを総合的に提供することができるようにその事業の実施に努めなければならない。

（福祉サービスの提供体制の確保等に関する国及び地方公共団体の責務）

第 6 条　国及び地方公共団体は、社会福祉を目的とする事業を経営する者と協力して、社会福祉を目的とする事業の広範かつ計画的な実施が図られるよう、福祉サービスを提供する体制の確保に関する施策、福祉サービスの適切な利用の推進に関する施策その他の必要な各般の措置を講じなければならない。

2　国及び地方公共団体は、地域生活課題の解決に資する支援が包括的に提供される体制の整備その他地域福祉の推進のために必要な各般の措置を講ずるよう努めるとともに、当該措置の推進に当たつては、保健医療、労働、教育、住まい及び地域再生に関する施策その他の関連施策との連携に配慮するよう努めなければならない。

3　国及び都道府県は、市町村（特別区を含む。以下同じ。）において第 106 条の 4 第 2 項に規定する重層的支援体制整備事業その他地域生活課題の解決に資する支援が包括的に提供される体制の整備が適正かつ円滑に行われるよう、必要な助言、情報の提供その他の援助を行わなければならない。

（経営の原則等）

第 24 条　社会福祉法人は、社会福祉事業の主たる担い手としてふさわしい事業を確実、効果的かつ適正に行うため、自主的にその経営基盤の強化を図るとともに、その提供する福祉サービスの質の向上及び事業経営の透明性の確保を図らなければならない。

2　社会福祉法人は、社会福祉事業及び第 26 条第 1 項に規定する公益事業を行うに当たつては、日常生活又は社会生活上の支援を必要とする者に対して、無料又は低額な料金で、福祉サービスを積極的に提供するよう努めなければならない。

（公益事業及び収益事業）

第 26 条　社会福祉法人は、その経営する社会福祉事業に支障がない限り、公益を目的とする事業（以下「公益事業」という。）又はその収益を社会福祉事業若しくは公益事業（第 2 条第 4 項第四号に掲げる事業その他の政令で定めるものに限る。第 57 条第二号において同じ。）の経営に充てることを目的とする事業（以下「収益事業」という。）を行うことができる。

2　公益事業又は収益事業に関する会計は、それぞれ当該社会福祉法人の行う社会福祉事業に関する会計から区分し、特別の会計として経理しなければならない。

（事業経営の準則）

第 61 条　国、地方公共団体、社会福祉法人その他社会福祉事業を経営する者は、次に掲げるところに従い、それぞれの責任を明確にしなければならない。

一　国及び地方公共団体は、法律に基づくその責任を他の社会福祉事業を経営する者に転嫁し、又はこれらの者の財政的援助を求めないこと。

二　国及び地方公共団体は、他の社会福祉事業を経営する者に対し、その自主性を重んじ、不当な関与を行わないこと。

三　社会福祉事業を経営する者は、不当に国及び地方公共団体の財政的、管理的援助を仰がないこと。

2　前項第一号の規定は、国又は地方公共団体が、その経営する社会福祉事業について、福祉サービスを必要とする者を施設に入所させることその他の措置を他の社会福祉事業を経営する者に委託することを妨げるものではない。

（地域子育て支援拠点事業等を経営する者の責務）

第 106 条の 2　社会福祉を目的とする事業を経営する者のうち、次に掲げる事業を行うもの（市町村の委託を受けてこれらの事業を行う者を含む。）は、当該事業を行うに当たり自らがその解決に資する支援を行うことが困難な地域生活課題を把握したときは、当該地域生活課題を抱える地域住民の心身の状況、その置かれている環境その他の事情を勘案し、支援関係機関による支援の必要性を検討するよう努めるとともに、必要があると認めるときは、支援関係機関に対し、当該地域生活課題の解決に資する支援を求めるよう努めなければならない。

一　児童福祉法第 6 条の 3 第 6 項に規定する地域子育て支援拠点事業又は同法第 10 条の 2 に規定する拠点にお

いて同条に規定する支援を行う事業
二　母子保健法（昭和 40 年法律第 141 号）第 22 条第 2
　項に規定する母子健康包括支援センターを経営する事業
三　介護保険法第 115 条の 45 第 2 項第一号に掲げる事
　業
四　障害者の日常生活及び社会生活を総合的に支援するた
　めの法律第 77 条第 1 項第三号に掲げる事業
五　子ども・子育て支援法（平成 24 年法律第 65 号）第
　59 条第一号に掲げる事業

（包括的な支援体制の整備）
第 106 条の 3　市町村は、次条第 2 項に規定する重層的支
　援体制整備事業をはじめとする地域の実情に応じた次に掲
　げる施策の積極的な実施その他の各般の措置を通じ、地域
　住民等及び支援関係機関による、地域福祉の推進のための
　相互の協力が円滑に行われ、地域生活課題の解決に資する
　支援が包括的に提供される体制を整備するよう努めるもの
　とする。
　　一　地域福祉に関する活動への地域住民の参加を促す活動
　　　を行う者に対する支援、地域住民等が相互に交流を図る
　　　ことができる拠点の整備、地域住民等に対する研修の実
　　　施その他の地域住民等が地域福祉を推進するために必要
　　　な環境の整備に関する施策
　　二　地域住民等が自ら他の地域住民が抱える地域生活課題
　　　に関する相談に応じ、必要な情報の提供及び助言を行い、
　　　必要に応じて、支援関係機関に対し、協力を求めること
　　　ができる体制の整備に関する施策
　　三　生活困窮者自立支援法第 3 条第 2 項に規定する生活
　　　困窮者自立相談支援事業を行う者その他の支援関係機関
　　　が、地域生活課題を解決するために、相互の有機的な連
　　　携の下、その解決に資する支援を一体的かつ計画的に行
　　　う体制の整備に関する施策
2　厚生労働大臣は、次条第 2 項に規定する重層的支援体制
　整備事業をはじめとする前項各号に掲げる施策に関して、
　その適切かつ有効な実施を図るため必要な指針を公表する
　ものとする。

（重層的支援体制整備事業）
第 106 条の 4　市町村は、地域生活課題の解決に資する包
　括的な支援体制を整備するため、前条第 1 項各号に掲げ
　る施策として、厚生労働省令で定めるところにより、重層
　的支援体制整備事業を行うことができる。
2　前項の「重層的支援体制整備事業」とは、次に掲げるこ
　の法律に基づく事業及び他の法律に基づく事業を一体のも
　のとして実施することにより、地域生活課題を抱える地域
　住民及びその世帯に対する支援体制並びに地域住民等によ
　る地域福祉の推進のために必要な環境を一体的かつ重層的
　に整備する事業をいう。
　　一　地域生活課題を抱える地域住民及びその家族その他の
　　　関係者からの相談に包括的に応じ、利用可能な福祉サー
　　　ビスに関する情報の提供及び助言、支援関係機関との連
　　　絡調整並びに高齢者、障害者等に対する虐待の防止及び
　　　その早期発見のための援助その他厚生労働省令で定める
　　　便宜の提供を行うため、次に掲げる全ての事業を一体的
　　　に行う事業
　　　　イ　介護保険法第 115 条の 45 第 2 項第一号から第三
　　　　　号までに掲げる事業

　　　　ロ　障害者の日常生活及び社会生活を総合的に支援する
　　　　　ための法律第 77 条第 1 項第三号に掲げる事業
　　　　ハ　子ども・子育て支援法第 59 条第一号に掲げる事業
　　　　ニ　生活困窮者自立支援法第 3 条第 2 項各号に掲げる
　　　　　事業
　　二　地域生活課題を抱える地域住民であつて、社会生活を
　　　円滑に営む上での困難を有するものに対し、支援関係機
　　　関と民間団体との連携による支援体制の下、活動の機会
　　　の提供、訪問による必要な情報の提供及び助言その他の
　　　社会参加のために必要な便宜の提供として厚生労働省令
　　　で定めるものを行う事業
　　三　地域住民が地域において自立した日常生活を営み、地
　　　域社会に参加する機会を確保するための支援並びに地域
　　　生活課題の発生の防止又は解決に係る体制の整備及び地
　　　域住民相互の交流を行う拠点の開設その他厚生労働省令
　　　で定める援助を行うため、次に掲げる全ての事業を一体
　　　的に行う事業
　　　　イ　介護保険法第 115 条の 45 第 1 項第二号に掲げる
　　　　　事業のうち厚生労働大臣が定めるもの
　　　　ロ　介護保険法第 115 条の 45 第 2 項第五号に掲げる
　　　　　事業
　　　　ハ　障害者の日常生活及び社会生活を総合的に支援する
　　　　　ための法律第 77 条第 1 項第九号に掲げる事業
　　　　ニ　子ども・子育て支援法第 59 条第九号に掲げる事業
　　四　地域社会からの孤立が長期にわたる者その他の継続的
　　　な支援を必要とする地域住民及びその世帯に対し、訪問
　　　により状況を把握した上で相談に応じ、利用可能な福祉
　　　サービスに関する情報の提供及び助言その他の厚生労働
　　　省令で定める便宜の提供を包括的かつ継続的に行う事業
　　五　複数の支援関係機関相互間の連携による支援を必要と
　　　する地域住民及びその世帯に対し、複数の支援関係機関
　　　が、当該地域住民及びその世帯が抱える地域生活課題を
　　　解決するために、相互の有機的な連携の下、その解決に
　　　資する支援を一体的かつ計画的に行う体制を整備する事
　　　業
　　六　前号に掲げる事業による支援が必要であると市町村が
　　　認める地域住民に対し、当該地域住民に対する支援の種
　　　類及び内容その他の厚生労働省令で定める事項を記載し
　　　た計画の作成その他の包括的かつ計画的な支援として厚
　　　生労働省令で定めるものを行う事業
3　市町村は、重層的支援体制整備事業（前項に規定する重
　層的支援体制整備事業をいう。以下同じ。）を実施するに
　当たつては、母子保健法第 22 条第 2 項に規定する母子健
　康包括支援センター、介護保険法第 115 条の 46 第 1 項
　に規定する地域包括支援センター、障害者の日常生活及び
　社会生活を総合的に支援するための法律第 77 条の 2 第 1
　項に規定する基幹相談支援センター、生活困窮者自立支援
　法第 3 条第 2 項各号に掲げる事業を行う者その他の支援
　関係機関相互間の緊密な連携が図られるよう努めるものと
　する。
4　市町村は、第 2 項各号に掲げる事業の一体的な実施が確
　保されるよう必要な措置を講じた上で、重層的支援体制整
　備事業の事務の全部又は一部を当該市町村以外の厚生労働
　省令で定める者に委託することができる。
5　前項の規定による委託を受けた者若しくはその役員若し
　くは職員又はこれらの者であつた者は、正当な理由がない
　のに、その委託を受けた事務に関して知り得た秘密を漏ら

してはならない。

（重層的支援体制整備事業実施計画）
第106条の5　市町村は、重層的支援体制整備事業を実施
するときは、第106条の3第2項の指針に則して、重層
的支援体制整備事業を適切かつ効果的に実施するため、重
層的支援体制整備事業の提供体制に関する事項その他厚生
労働省令で定める事項を定める計画（以下この条において
「重層的支援体制整備事業実施計画」という。）を策定する
よう努めるものとする。
2　市町村は、重層的支援体制整備事業実施計画を策定し、
又はこれを変更するときは、地域住民、支援関係機関その
他の関係者の意見を適切に反映するよう努めるものとす
る。
3　重層的支援体制整備事業実施計画は、第107条第1項
に規定する市町村地域福祉計画、介護保険法第117条第
1項に規定する市町村介護保険事業計画、障害者の日常生
活及び社会生活を総合的に支援するための法律第88条第
1項に規定する市町村障害福祉計画、子ども・子育て支援
法第61条第1項に規定する市町村子ども・子育て支援事
業計画その他の法律の規定による計画であつて地域福祉の
推進に関する事項を定めるものと調和が保たれたものでな
ければならない。
4　市町村は、重層的支援体制整備事業実施計画を策定し、
又はこれを変更したときは、遅滞なく、これを公表するよ
う努めるものとする。
5　前各項に定めるもののほか、重層的支援体制整備事業実
施計画の策定及び変更に関し必要な事項は、厚生労働省令
で定める。

（支援会議）
第106条の6　市町村は、支援関係機関、第106条の4第
4項の規定による委託を受けた者、地域生活課題を抱える
地域住民に対する支援に従事する者その他の関係者（第3
項及び第4項において「支援関係機関等」という。）によ
り構成される会議（以下この条において「支援会議」とい
う。）を組織することができる。
2　支援会議は、重層的支援体制整備事業の円滑な実施を図
るために必要な情報の交換を行うとともに、地域住民が地
域において日常生活及び社会生活を営むのに必要な支援体
制に関する検討を行うものとする。
3　支援会議は、前項に規定する情報の交換及び検討を行う
ために必要があると認めるときは、支援関係機関等に対し、
地域生活課題を抱える地域住民及びその世帯に関する資料
又は情報の提供、意見の開陳その他必要な協力を求めるこ
とができる。
4　支援関係機関等は、前項の規定による求めがあつた場合
には、これに協力するよう努めるものとする。
5　支援会議の事務に従事する者又は従事していた者は、正
当な理由がないのに、支援会議の事務に関して知り得た秘
密を漏らしてはならない。
6　前各項に定めるもののほか、支援会議の組織及び運営に
関し必要な事項は、支援会議が定める。

（市町村の支弁）
第106条の7　重層的支援体制整備事業の実施に要する費
用は、市町村の支弁とする。

（市町村に対する交付金の交付）
第106条の8　国は、政令で定めるところにより、市町村
に対し、次に掲げる額を合算した額を交付金として交付す
る。
一　前条の規定により市町村が支弁する費用のうち、重層
的支援体制整備事業として行う第106条の4第2項第
三号イに掲げる事業に要する費用として政令で定めると
ころにより算定した額の百分の二十に相当する額
二　前条の規定により市町村が支弁する費用のうち、重層
的支援体制整備事業として行う第106条の4第2項第
三号イに掲げる事業に要する費用として政令で定めると
ころにより算定した額を基礎として、介護保険法第9
条第一号に規定する第一号被保険者（以下この号におい
て「第一号被保険者」という。）の年齢階級別の分布状況、
第一号被保険者の所得の分布状況等を考慮して、政令で
定めるところにより算定した額
三　前条の規定により市町村が支弁する費用のうち、重層
的支援体制整備事業として行う第106条の4第2項第
一号イ及び第三号ロに掲げる事業に要する費用として政
令で定めるところにより算定した額に、介護保険法第
125条第2項に規定する第二号被保険者負担率（第
106条の10第二号において「第二号被保険者負担率」
という。）に百分の五十を加えた率を乗じて得た額（次
条第二号において「特定地域支援事業支援額」という。）
の百分の五十に相当する額
四　前条の規定により市町村が支弁する費用のうち、重層
的支援体制整備事業として行う第106条の4第2項第
一号ニに掲げる事業に要する費用として政令で定める
ところにより算定した額の四分の三に相当する額
五　前条の規定により市町村が支弁する費用のうち、第一
号及び前二号に規定する事業以外の事業に要する費用と
して政令で定めるところにより算定した額の一部に相当
する額として予算の範囲内で交付する額

第106条の9　都道府県は、政令で定めるところにより、
市町村に対し、次に掲げる額を合算した額を交付金として
交付する。
一　前条第一号に規定する政令で定めるところにより算定
した額の百分の十二・五に相当する額
二　特定地域支援事業支援額の百分の二十五に相当する額
三　第106条の7の規定により市町村が支弁する費用の
うち、前条第一号及び第三号に規定する事業以外の事業
に要する費用として政令で定めるところにより算定した
額の一部に相当する額として当該都道府県の予算の範囲
内で交付する額

（市町村の一般会計への繰入れ）
第106条の10　市町村は、当該市町村について次に定め
るところにより算定した額の合計額を、政令で定めるとこ
ろにより、介護保険法第3条第2項の介護保険に関する
特別会計から一般会計に繰り入れなければならない。
一　第106条の8第一号に規定する政令で定めるところ
により算定した額の百分の五十五に相当する額から同条
第二号の規定により算定した額を控除した額
二　第106条の8第三号に規定する政令で定めるところ
により算定した額に百分の五十から第二号被保険者負担
率を控除して得た率を乗じて得た額に相当する額

（重層的支援体制整備事業と介護保険法等との調整）
第106条の11　市町村が重層的支援体制整備事業を実施する場合における介護保険法第122条の2（第3項を除く。）並びに第123条第3項及び第4項の規定の適用については、同法第122条の2第1項中「費用」とあるのは「費用（社会福祉法第106条の4第2項に規定する重層的支援体制整備事業（以下「重層的支援体制整備事業」という。）として行う同項第三号イに掲げる事業に要する費用を除く。次項及び第123条第3項において同じ。）」と、同条第4項中「費用」とあるのは「費用（重層的支援体制整備事業として行う社会福祉法第106条の4第2項第一号イ及び第三号ロに掲げる事業に要する費用を除く。）」とする。

2　市町村が重層的支援体制整備事業を実施する場合における障害者の日常生活及び社会生活を総合的に支援するための法律第92条の規定の適用については、同条第六号中「費用」とあるのは、「費用（社会福祉法第106条の4第2項に規定する重層的支援体制整備事業として行う同項第一号ロ及び第三号ハに掲げる事業に要する費用を除く。）」とする。

3　市町村が重層的支援体制整備事業を実施する場合における子ども・子育て支援法第65条の規定の適用については、同条第六号中「費用」とあるのは、「費用（社会福祉法第106条の4第2項に規定する重層的支援体制整備事業として行う同項第一号ハ及び第三号ニに掲げる事業に要する費用を除く。）」とする。

4　市町村が重層的支援体制整備事業を実施する場合における生活困窮者自立支援法第12条、第14条及び第15条第1項の規定の適用については、同法第12条第一号中「費用」とあるのは「費用（社会福祉法第106条の4第2項に規定する重層的支援体制整備事業（以下「重層的支援体制整備事業」という。）として行う同項第一号ニに掲げる事業の実施に要する費用を除く。）」と、同法第14条中「費用」とあるのは「費用（重層的支援体制整備事業として行う事業の実施に要する費用を除く。）」と、同法第15条第1項第一号中「額」とあるのは「額（重層的支援体制整備事業として行う社会福祉法第106条の4第2項第一号ニに掲げる事業に要する費用として政令で定めるところにより算定した額を除く。）」とする。

（市町村地域福祉計画）
第107条　市町村は、地域福祉の推進に関する事項として次に掲げる事項を一体的に定める計画（以下「市町村地域福祉計画」という。）を策定するよう努めるものとする。
一　地域における高齢者の福祉、障害者の福祉、児童の福祉その他の福祉に関し、共通して取り組むべき事項
二　地域における福祉サービスの適切な利用の推進に関する事項
三　地域における社会福祉を目的とする事業の健全な発達に関する事項
四　地域福祉に関する活動への住民の参加の促進に関する事項
五　地域生活課題の解決に資する支援が包括的に提供される体制の整備に関する事項

2　市町村は、市町村地域福祉計画を策定し、又は変更しようとするときは、あらかじめ、地域住民等の意見を反映させるよう努めるとともに、その内容を公表するよう努めるものとする。

3　市町村は、定期的に、その策定した市町村地域福祉計画について、調査、分析及び評価を行うよう努めるとともに、必要があると認めるときは、当該市町村地域福祉計画を変更するものとする。

（都道府県地域福祉支援計画）
第108条　都道府県は、市町村地域福祉計画の達成に資するために、各市町村を通ずる広域的な見地から、市町村の地域福祉の支援に関する事項として次に掲げる事項を一体的に定める計画（以下「都道府県地域福祉支援計画」という。）を策定するよう努めるものとする。
一　地域における高齢者の福祉、障害者の福祉、児童の福祉その他の福祉に関し、共通して取り組むべき事項
二　市町村の地域福祉の推進を支援するための基本的方針に関する事項
三　社会福祉を目的とする事業に従事する者の確保又は資質の向上に関する事項
四　福祉サービスの適切な利用の推進及び社会福祉を目的とする事業の健全な発達のための基盤整備に関する事項
五　市町村による地域生活課題の解決に資する支援が包括的に提供される体制の整備の実施の支援に関する事項

2　都道府県は、都道府県地域福祉支援計画を策定し、又は変更しようとするときは、あらかじめ、公聴会の開催等住民その他の者の意見を反映させるよう努めるとともに、その内容を公表するよう努めるものとする。

3　都道府県は、定期的に、その策定した都道府県地域福祉支援計画について、調査、分析及び評価を行うよう努めるとともに、必要があると認めるときは、当該都道府県地域福祉支援計画を変更するものとする。

（市町村社会福祉協議会及び地区社会福祉協議会）
第109条　市町村社会福祉協議会は、一又は同一都道府県内の二以上の市町村の区域内において次に掲げる事業を行うことにより地域福祉の推進を図ることを目的とする団体であつて、その区域内における社会福祉を目的とする事業を経営する者及び社会福祉に関する活動を行う者が参加し、かつ、指定都市にあつてはその区域内における地区社会福祉協議会の過半数及び社会福祉事業又は更生保護事業を経営する者の過半数が、指定都市以外の市及び町村にあつてはその区域内における社会福祉事業又は更生保護事業を経営する者の過半数が参加するものとする。
一　社会福祉を目的とする事業の企画及び実施
二　社会福祉に関する活動への住民の参加のための援助
三　社会福祉を目的とする事業に関する調査、普及、宣伝、連絡、調整及び助成
四　前三号に掲げる事業のほか、社会福祉を目的とする事業の健全な発達を図るために必要な事業

2　地区社会福祉協議会は、一又は二以上の区（地方自治法第252条の20に規定する区及び同法第252条の20の2に規定する総合区をいう。）の区域内において前項各号に掲げる事業を行うことにより地域福祉の推進を図ることを目的とする団体であつて、その区域内における社会福祉を目的とする事業を経営する者及び社会福祉に関する活動を行う者が参加し、かつ、その区域内において社会福祉事業又は更生保護事業を経営する者の過半数が参加するものとする。

3 市町村社会福祉協議会のうち、指定都市の区域を単位とするものは、第1項各号に掲げる事業のほか、その区域内における地区社会福祉協議会の相互の連絡及び事業の調整の事業を行うものとする。

4 市町村社会福祉協議会及び地区社会福祉協議会は、広域的に事業を実施することにより効果的な運営が見込まれる場合には、その区域を越えて第1項各号に掲げる事業を実施することができる。

5 関係行政庁の職員は、市町村社会福祉協議会及び地区社会福祉協議会の役員となることができる。ただし、役員の総数の五分の一を超えてはならない。

6 市町村社会福祉協議会及び地区社会福祉協議会は、社会福祉を目的とする事業を経営する者又は社会福祉に関する活動を行う者から参加の申出があつたときは、正当な理由がないのにこれを拒んではならない。

(都道府県社会福祉協議会)

第110条 都道府県社会福祉協議会は、都道府県の区域内において次に掲げる事業を行うことにより地域福祉の推進を図ることを目的とする団体であつて、その区域内における市町村社会福祉協議会の過半数及び社会福祉事業又は更生保護事業を経営する者の過半数が参加するものとする。

一 前条第1項各号に掲げる事業であつて各市町村を通ずる広域的な見地から行うことが適切なもの

二 社会福祉を目的とする事業に従事する者の養成及び研修

三 社会福祉を目的とする事業の経営に関する指導及び助言

四 市町村社会福祉協議会の相互の連絡及び事業の調整

2 前条第5項及び第6項の規定は、都道府県社会福祉協議会について準用する。

(社会福祉協議会連合会)

第111条 都道府県社会福祉協議会は、相互の連絡及び事業の調整を行うため、全国を単位として、社会福祉協議会連合会を設立することができる。

2 第109条第5項の規定は、社会福祉協議会連合会について準用する。

(共同募金)

第112条 この法律において「共同募金」とは、都道府県の区域を単位として、毎年一回、厚生労働大臣の定める期間内に限つてあまねく行う寄附金の募集であつて、その区域内における地域福祉の推進を図るため、その寄附金をその区域内において社会福祉事業、更生保護事業その他の社会福祉を目的とする事業を経営する者(国及び地方公共団体を除く。以下この節において同じ。)に配分することを目的とするものをいう。

(共同募金会)

第113条 共同募金を行う事業は、第2条の規定にかかわらず、第一種社会福祉事業とする。

2 共同募金事業を行うことを目的として設立される社会福祉法人を共同募金会と称する。

3 共同募金会以外の者は、共同募金事業を行つてはならない。

4 共同募金会及びその連合会以外の者は、その名称中に、「共同募金会」又はこれと紛らわしい文字を用いてはならない。

(共同募金会の認可)

第114条 第30条第1項の所轄庁は、共同募金会の設立の認可に当たつては、第32条に規定する事項のほか、次に掲げる事項をも審査しなければならない。

一 当該共同募金の区域内に都道府県社会福祉協議会が存すること。

二 特定人の意思によつて事業の経営が左右されるおそれがないものであること。

三 当該共同募金の配分を受ける者が役員、評議員又は配分委員会の委員に含まれないこと。

四 役員、評議員又は配分委員会の委員が、当該共同募金の区域内における民意を公正に代表するものであること。

(配分委員会)

第115条 寄附金の公正な配分に資するため、共同募金会に配分委員会を置く。

2 第40条第1項の規定は、配分委員会の委員について準用する。

3 共同募金会の役員は、配分委員会の委員となることができる。ただし、委員の総数の三分の一を超えてはならない。

4 この節に規定するもののほか、配分委員会に関し必要な事項は、政令で定める。

(共同募金の性格)

第116条 共同募金は、寄附者の自発的な協力を基礎とするものでなければならない。

(共同募金の配分)

第117条 共同募金は、社会福祉を目的とする事業を経営する者以外の者に配分してはならない。

2 共同募金会は、寄附金の配分を行うに当たつては、配分委員会の承認を得なければならない。

3 共同募金会は、第112条に規定する期間が満了した日の属する会計年度の翌年度の末日までに、その寄附金を配分しなければならない。

4 国及び地方公共団体は、寄附金の配分について干渉してはならない。

(準備金)

第118条 共同募金会は、前条第3項の規定にかかわらず、災害救助法(昭和22年法律第118号)第2条に規定する災害の発生その他厚生労働省令で定める特別の事情がある場合に備えるため、共同募金の寄附金の額に厚生労働省令で定める割合を乗じて得た額を限度として、準備金を積み立てることができる。

2 共同募金会は、前項の災害の発生その他特別の事情があつた場合には、第112条の規定にかかわらず、当該共同募金会が行う共同募金の区域以外の区域において社会福祉を目的とする事業を経営する者に配分することを目的として、拠出の趣旨を定め、同項の準備金の全部又は一部を他の共同募金会に拠出することができる。

3 前項の規定による拠出を受けた共同募金会は、拠出された金額を、同項の拠出の趣旨に従い、当該共同募金会の区

域において社会福祉を目的とする事業を経営する者に配分しなければならない。

4　共同募金会は、第1項に規定する準備金の積立て、第2項に規定する準備金の拠出及び前項の規定に基づく配分を行うに当たつては、配分委員会の承認を得なければならない。

（計画の公告）
第119条　共同募金会は、共同募金を行うには、あらかじめ、都道府県社会福祉協議会の意見を聴き、及び配分委員会の承認を得て、共同募金の目標額、受配者の範囲及び配分の方法を定め、これを公告しなければならない。

（結果の公告）
第120条　共同募金会は、寄附金の配分を終了したときは、一月以内に、募金の総額、配分を受けた者の氏名又は名称及び配分した額並びに第118条第1項の規定により新たに積み立てられた準備金の額及び準備金の総額を公告しなければならない。

2　共同募金会は、第118条第2項の規定により準備金を拠出した場合には、速やかに、同項の拠出の趣旨、拠出先の共同募金会及び拠出した額を公告しなければならない。

3　共同募金会は、第118条第3項の規定により配分を行つた場合には、配分を終了した後三月以内に、拠出を受けた総額及び拠出された金額の配分を受けた者の氏名又は名称を公告するとともに、当該拠出を行つた共同募金会に対し、拠出された金額の配分を受けた者の氏名又は名称を通知しなければならない。

（共同募金会に対する解散命令）
第121条　第30条第1項の所轄庁は、共同募金会については、第56条第8項の事由が生じた場合のほか、第114条各号に規定する基準に適合しないと認められるに至つた場合においても、解散を命ずることができる。ただし、他の方法により監督の目的を達することができない場合に限る。

（受配者の寄附金募集の禁止）
第122条　共同募金の配分を受けた者は、その配分を受けた後一年間は、その事業の経営に必要な資金を得るために寄附金を募集してはならない。

（共同募金会連合会）
第124条　共同募金会は、相互の連絡及び事業の調整を行うため、全国を単位として、共同募金会連合会を設立することができる。

（社会福祉連携推進法人の認定）
第125条　次に掲げる業務（以下この章において「社会福祉連携推進業務」という。）を行おうとする一般社団法人は、第127条各号に掲げる基準に適合する一般社団法人であることについての所轄庁の認定を受けることができる。

一　地域福祉の推進に係る取組を社員が共同して行うための支援

二　災害が発生した場合における社員（社会福祉事業を経営する者に限る。次号、第五号及び第六号において同じ。）が提供する福祉サービスの利用者の安全を社員が共同し

て確保するための支援

三　社員が経営する社会福祉事業の経営方法に関する知識の共有を図るための支援

四　資金の貸付けその他の社員（社会福祉法人に限る。）が社会福祉事業に係る業務を行うのに必要な資金を調達するための支援として厚生労働省令で定めるもの

五　社員が経営する社会福祉事業の従事者の確保のための支援及びその資質の向上を図るための研修

六　社員が経営する社会福祉事業に必要な設備又は物資の供給

（社会福祉連携推進法人の業務運営）
第132条　社会福祉連携推進法人は、社員の社会福祉に係る業務の連携の推進及びその運営の透明性の確保を図り、地域における良質かつ適切な福祉サービスの提供及び社会福祉法人の経営基盤の強化に資する役割を積極的に果たすよう努めなければならない。

2　社会福祉連携推進法人は、社会福祉連携推進業務を行うに当たり、当該一般社団法人の社員、理事、監事、職員その他の政令で定める関係者に対し特別の利益を与えてはならない。

3　社会福祉連携推進法人は、社会福祉連携推進業務以外の業務を行う場合には、社会福祉連携推進業務以外の業務を行うことによつて社会福祉連携推進業務の実施に支障を及ぼさないようにしなければならない。

4　社会福祉連携推進法人は、社会福祉事業を行うことができない。

ともに生きる豊かな地域社会の実現に向けた共同宣言
～社協と社会福祉法人のさらなる連携・協働へ～

(令和 2 年 7 月 31 日)

社会福祉法人 全国社会福祉協議会

地域福祉推進委員会　委員長　川　村　　裕

全国社会福祉法人経営者協議会　会　長　磯　　彰格

「ともに生きる豊かな地域社会」の実現に向けて、私たち社会福祉協議会と社会福祉法人・福祉施設は連携・協働し、地域のネットワークを広げながら持続可能な地域づくりと地域生活課題の解決を目指し、以下、ともに実行していくことを宣言します。

―　私たちは、都道府県・指定都市圏域、市区町村圏域それぞれにおいて、地域住民や多様な福祉組織・関係者との「連携・協働の場」の活性化をともに進めます。

―　私たちは、地域住民や多様な福祉組織・関係者、行政等とのネットワーク化を図りながら、地域生活課題の発見と情報共有をともに進めます。

―　私たちは、地域における包括的・重層的な支援体制づくりを主導し、多機関協働と多職種連携のもとに、地域生活課題の解決に向けた多様な実践や事業・活動の開発・展開をともに進めます。

＊ ともに生きる豊かな地域社会 ＝ 全社協 福祉ビジョン 2020 が目指す地域の姿

制度・分野の枠や、「支える側」「支えられる側」という従来の関係を超えて、人と人、人と社会がつながり、一人ひとりが生きがいや役割を持ち、助け合いながら暮らしていくことのできる、包摂的なコミュニティ、地域や社会を創っていく、「地域共生社会」とともに、「SDGs」（持続可能な開発目標）が目指す「誰一人取り残さない持続可能で多様性と包摂性のある社会」を実現することを目指しています。

さらに学びを深める参考図書の紹介

全国社会福祉協議会（出版部）では、「地域福祉」に関する書籍を多数発行しています。
下記の他にも、全国社会福祉協議会「福祉の本　出版目録」ホームページにて紹介して
います。

「福祉の本　出版目録」
はこちら↓

進化する地域福祉へ、あなたを誘（いざな）う。

地域福祉ガバナンスをつくる

多様化・複雑化・深刻化する地域の福祉課題・生活課題への対応に求められる「地域福
祉ガバナンス」の考え方や具体的な展開過程をまとめた地域福祉関係者必読の一冊。

●原田正樹、藤井博志、渋谷篤男 編
●B5判　●定価：1,540円（税込）　●2020年7月発行

「住民主体」を貫く社協の実践に学ぶ

地域で「最期」まで支える
－琴平社協の覚悟－

住民主体を基本として、「誰もが安心して暮らせるまちづくり」を目標に先駆的に取り
組んできた社協の、事業・活動の展開と気概に満ちた職員のあゆみ。

●越智和子 著　●A5判　●定価：1,320円（税込）　●2019年7月発行

気づいた人が思いを持ち寄り創り出す地域福祉協働実践

越境する地域福祉実践
－滋賀の縁創造実践センターの挑戦－

生きづらさを抱えて暮らしている人の現実から目をそらさず、できることを一つでも具
体化しようと果敢に挑む「滋賀の縁創造実践センター」の創設前夜からのドキュメント。

●谷口郁美、永田祐 著　●A5判　●定価：1,320円（税込）　●2018年1月発行

地域福祉を変えた「藤里方式」のドキュメント

地域福祉の弱みと強み
－「藤里方式」が強みに変える－

過疎の町の小さな社協が、著者の掲げる「藤里方式」で住民の「頼りになる社協」に変
わっていく過程を描いた迫真のドキュメント。

●菊池まゆみ 著　●A5判　●定価：1,320円（税込）　●2016年10月発行

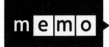

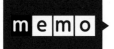

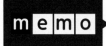

これからの地域づくりを担うソーシャルワーク現任者の実践力の強化・育成に関する企画委員会委員

上野谷加代子（同志社大学名誉教授）＜委員長＞

大河原　修　　（山口県社会福祉協議会地域福祉部長）

菊地　月香　　（社会福祉法人同愛会理事長）

空閑　浩人　　（同志社大学教授）

堤　洋三　　　（社会福祉法人六心会理事長）

原田　正樹　　（日本福祉大学教授）

執筆者（執筆順）

原田　正樹　　（日本福祉大学教授）…第1部第1章〜第2章

空閑　浩人　　（同志社大学教授）…第1部第3章〜5章

上野谷加代子（同志社大学名誉教授）…第1部第6章、第2部序章

辻村　泰聡　　（社会福祉法人宝山寺福祉事業団極楽坊あすかこども園園長）…事例1

山本　克彦　　（日本福祉大学教授）…事例2

戸枝　陽基　　（社会福祉法人むそう理事長）…事例3

宇都宮慎吾　（北九州市社会福祉協議会門司区事務所長）…事例4

前田　昭浩　　（社会福祉法人大阪府社会福祉事業団東大阪養護老人ホーム副施設長）…事例5

有原　領一　　（宮古市社会福祉協議会総務課長）…事例6

前山　憲一　　（半田市社会福祉協議会事務局次長）…事例7

金子　秀明　　（社会福祉法人さわらび福祉会理事長）…事例8

勝部　麗子　　（豊中市社会福祉協議会福祉推進室長）…事例9

堤　洋三　　　（社会福祉法人六心会理事長）…コラム

菊地　月香　　（社会福祉法人同愛会理事長）…コラム

※執筆者の所属・肩書は、令和3年7月1日現在のものです。

みんなでめざそう！　地域づくりとソーシャルワークの展開

発　行　2021年8月30日　初版第1刷発行
　　　　2022年6月15日　初版第2刷発行

編　集　これからの地域づくりを担うソーシャルワーク現任者の実践力の強化・育成に関する企画委員会

発行者　笹尾　勝

発行所　社会福祉法人　全国社会福祉協議会
　　　　〒100-8980　東京都千代田区霞が関3-3-2 新霞が関ビル
　　　　電話　03-3581-9511

定　価　1,210円（本体1,100円＋税10％）

印刷所　株式会社丸井工文社

ISBN978-4-7935-1377-0 C2036 ￥1100E　　　　　　　　　　　　　　　　　禁複製